Psicologia dos Sonhos

SIGMUND FREUD

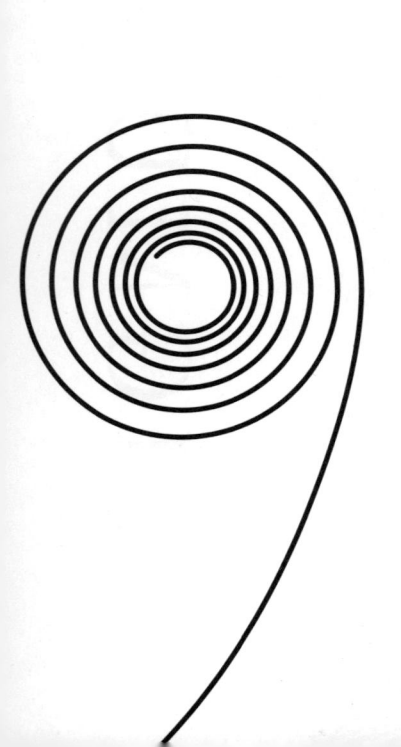

Psicologia dos Sonhos

SIGMUND FREUD

Tradução
Renato Marques
(a partir da tradução para
o inglês de M. D. Eder)
Ano de publicação: 1920

ns

São Paulo, 2024

A psicologia dos sonhos – Sigmund Freud
Copyright © 1900 by Sigmund Freud
Copyright © 2024 by Novo Século Ltda.

EDITOR: Luiz Vasconcelos
GERENTE EDITORIAL: Letícia Teófilo
COORDENAÇÃO EDITORIAL: Driciele Souza
PRODUÇÃO EDITORIAL: Érica Borges Correa
REVISÃO: Bruna Tinti
PROJETO GRÁFICO E DIAGRAMAÇÃO: Manoela Dourado
CAPA: Ian Laurindo

Texto de acordo com as normas do Novo Acordo Ortográfico da Língua Portuguesa (1990), em vigor desde 1º de janeiro de 2009.

Dados Internacionais de Catalogação na Publicação (CIP)
Angélica Ilacqua CRB-8/7057

Freud, Sigmund, 1856-1939
    A psicologia dos sonhos / Freud Sigmund ; tradução de Renato Marques. –– São Paulo : Novo Século, 2024.
    240 p.

ISBN 978-65-5561-768-9

1. Psicanálise 2. Sonhos I. Título II. Marques, Renato

24-0493   CDD 150.195

Alameda Araguaia, 2190 – Bloco A – 11º andar – Conjunto 1111 CEP 06455-000 – Alphaville Industrial, Barueri – SP – Brasil
Tel.: (11) 3699-7107 | E-mail: atendimento@gruponovoseculo.com.br
www.gruponovoseculo.com.br

SUMÁRIO

7 Sobre Sigmund Freud

9 Sobre a interpretação do sonho na experiência psicanalítica

15 Introdução

23 Capítulo 1
Os sonhos têm significado

45 Capítulo 2
O mecanismo dos sonhos

75 Capítulo 3
Por que os sonhos camuflam o desejo

93 Capítulo 4
Análise dos sonhos

117 Capítulo 5
O sexo nos sonhos

145 Capítulo 6
O desejo nos sonhos

171 Capítulo 7
A função dos sonhos

191 Capítulo 8
O processo primário e o primário secundário – Regressão

219 Capítulo 9
O inconsciente e o consciente – Realidade

235 Notas do tradutor

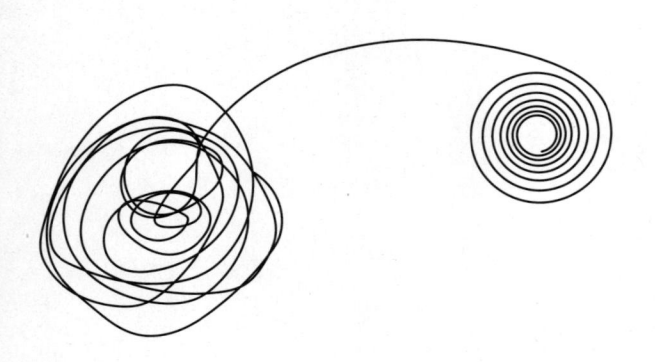

SOBRE SIGMUND FREUD

Sigmund Freud foi um médico neurologista que nasceu na Morávia, mas morou grande parte da sua vida em Viena. Realizou parte de seus estudos em Paris e, em decorrência do avanço do regime nazista, se refugiou com a família em Londres, onde anos depois, em consequência de um câncer, faleceu.

Nascido em uma família judia, Freud teve uma infância influenciada pela cultura e tradições judaicas, bem como por sua relação com o pai, que exerceu uma forte ingerência em sua vida e pensamento. Após completar os estudos de medicina na Universidade de Viena, trabalhou em diversos hospitais e clínicas, onde teve contato com pacientes que vivenciavam sofrimentos psíquicos de diferentes tipos. Em sua importante passagem por Paris, foi aluno de Jean-Martin Charcot, médico e pesquisador, também interessado na área neurológica, tendo influenciado Freud em seus primeiros passos, forjando o que depois viria a ser nomeado como "método psicanalítico". Já naquele período, entre 1885 e 1886, Freud construía as observações clínicas que o levaram a desenvolver teorias revolucionárias sobre a mente humana e a psicopatologia. Foi trilhando este percurso que fundou a psicanálise, revolucionando a compreensão da psiquê humana e da psicopatologia.

Em 1900 publicou *A interpretação dos sonhos*, obra fundamental, traduzida nesta edição por *A psicologia dos sonhos*, que lançou as bases da psicanálise. Uma das contribuições mais importantes de Freud foi sua teoria do aparelho psíquico, que o dividia em três instâncias: o Isso, o Eu e o Supereu. Defendeu que grande parte dos processos psicológicos é influenciada por impulsos inconscientes, que podem ser agradáveis para uma das instâncias do aparelho psíquico e simultaneamente desagradáveis para a outra parte, abrindo caminho para os conflitos psíquicos. Além disso, Freud desenvolveu técnicas terapêuticas, como a associação livre e a interpretação dos sonhos, para acessar o inconsciente e tratar "distúrbios mentais". Ao longo de sua carreira, enfrentou críticas e controvérsias, tanto por suas teorias quanto por sua abordagem terapêutica. No entanto, sua influência no campo da saúde mental, na psicologia e na cultura ocidental é inegável. Suas ideias sobre a mente humana, o inconsciente e a sexualidade moldaram o pensamento moderno e continuam a ser objeto de estudo e debate até os dias atuais. Freud deixou um legado duradouro não apenas no campo que ele mesmo inaugurou, mas também na literatura, na arte e na cultura popular. Sua abordagem pioneira e sua curiosidade infatigável sobre a psiquê humana o tornaram uma figura central na história da psicologia e um dos intelectuais mais influentes do século XX.

SOBRE A INTERPRETAÇÃO DO **SONHO** NA EXPERIÊNCIA PSICANALÍTICA

A *psicologia dos sonhos*, obra publicada inicialmente em 1899, foi considerada por Freud o marco inicial da psicanálise, por esse motivo, ele insistiu para que fosse lançada no ano de 1900, justamente para favorecer a ideia de um começo, foi assim então que nasceu a psicanálise. Foi a partir do sonho que Freud postulou sobre uma experiência psíquica que ocorre enquanto dormimos, diferente do sonho enquanto devaneio ou de uma "intuição", aspiração de determinado acontecimento para o futuro. Nesta perspectiva, considerar uma interpretação dos sonhos significa dizer de antemão que eles podem ser interpretáveis, diferentemente do campo místico ou filosófico. Portanto, é com entusiasmo que apresentamos esta tradução que traz a obra seminal de Sigmund Freud, *A psicologia dos sonhos*, texto subversivo, que trouxe uma nova possibilidade de compreensão da psiquê humana por meio da concepção de que os sonhos são a "via régia para o inconsciente". Esta obra lançou as bases da psicanálise e marcou um ponto de virada na compreensão da mente humana.

Para compreender a importância desta obra, é crucial considerar o contexto histórico em que ela foi escrita. No fim do século XIX, a psicologia estava emergindo como uma disciplina experimental e distinta da filosofia, e Freud, como um médico neurologista, perscrutava novas fronteiras a respeito da psiqué humana. Nesse período, a abordagem predominante para compreender os sonhos era de natureza supersticiosa ou espiritual, mas Freud trouxe uma perspectiva científica e rigorosa para analisar esse fenômeno cotidiano e intrigante, que possibilitava a compreensão dos fatos patológicos.

A *psicologia dos sonhos* tem como objetivo principal desvendar o significado oculto por trás dos sonhos, não por meio de um sentido único para determinado episódio que se repete entre aqueles que dormem, mas destacar exatamente aquilo que há de mais singular no fenômeno do sonho por intermédio do que se pode relatar após o despertar. Freud argumentou neste trabalho que os sonhos são expressões do inconsciente, contendo desejos recalcados, pensamentos e afetos que não são acessíveis à consciência durante o estado de vigília. Deste modo, ao interpretar um sonho, podemos acessar aspectos da psiqué humana e ter acesso aos processos mentais que influenciam a nossa vida, sem nos darmos conta.

Neste livro, Freud introduziu conceitos fundamentais que se tornariam pedras angulares da psicanálise, tais como o inconsciente, o desejo recalcado e os complexos edipianos. Ele explorou a estrutura e o conteúdo dos sonhos, argumentando que até mesmo os elementos aparentemente absurdos o perturbadores têm significados que refletem os conflitos e as preocupações do sonhador.

Freud descreveu detalhadamente sua técnica de interpretação de sonhos, que envolve análise cuidadosa dos elementos manifestos e latentes do estado onírico, assim como associações livres e transferência de pensamentos. Ele ilustrou sua abordagem com exemplos clínicos e autobiográficos, oferecendo *insights* valiosos sobre como aplicar sua metodologia na prática clínica.

A psicologia dos sonhos não apenas revolucionou a psicologia e a psicanálise, mas também impactou significativamente diversas áreas, incluindo a literatura, a arte e a cultura popular. As ideias de Freud sobre os sonhos continuam a inspirar pesquisadores, psicoterapeutas e estudiosos ainda hoje, demonstrando sua relevância duradoura e sua posição como uma das obras mais influentes, porque não, da história da psicologia. Por fim, *A psicologia dos sonhos* é uma obra indispensável para qualquer pessoa instigada pela complexidade da psiquê humana, oferecendo uma janela fascinante para os mistérios do inconsciente e abrindo caminho para uma compreensão mais abrangente do ser humano.

DEBORAH KLAJNMAN

Pós-doutoranda pela USP, doutora em Psicanálise pela Universidade do Estado do Rio de Janeiro (UERJ) com cotutela em Psicologia pela Université Côte d'azur (UNICE- França), mestre em Clínica e Pesquisa em Psicanálise pela UERJ, especialista em Clínica Psicanalítica pelo Instituto de Psiquiatria da UFRJ (IPUB) e graduada em Psicologia pela Universidade Federal Fluminense (UFF). Tem experiência em docência, psicologia clínica, saúde mental com ênfase em Psicanálise, psicologia hospitalar e assistência social. Autora dos livros: *Todo mundo é louco, ou seja, delirante: novas hipóteses e uma concepção desde Freud* e *A realidade psíquica na neurose e na psicose: de Freud a Lacan*. Consultora do MEC em processos de autorização de cursos de graduação em Psicologia. Atualmente atende em consultório particular, é professora universitária. Pesquisa os seguintes temas: psicopatologia, diagnóstico diferencial e metapsicologia psicanalítica, direitos humanos e negacionismo em sua articulação com a Psicanálise.

MAICO COSTA

Pós-doutorado pelo Instituto de Psicologia da Universidade de São Paulo (USP), sob supervisão do psicanalista Prof. Dr. Paulo Cesar Endo. Doutorado pelo curso de Pós- Graduação em Psicologia e Sociedade (UNESP – Campus de Assis), sob financiamento da FAPESP. Mestrado em Psicologia pela UNESP – Campus Assis, sob financiamento da FAPESP. Aprimoramento pelo Programa de Aprimoramento Profissional em Saúde Mental e Saúde Pública do Departamento Regional de Saúde (DRS) IX – Marília/SP. Graduado em Psicologia pela Universidade Estadual Paulista "Júlio de Mesquita Filho" – FCL/Unesp, Assis, SP. Foi membro do Laboratoire Centre de Recherches Psychanalyse, Médecine et Société – Université Paris Diderot 7. Psicólogo da Comissão de Inclusão e Pertencimento – Faculdade de Medicina da Universidade de São Paulo (FMUSP). Membro aspirante do Departamento de Psicossomática Psicanalítica do Instituto Sedes Sapientiae de São Paulo. Sua ênfase de trabalho e pesquisa, além de interesse, depositam-se nos seguintes temas: políticas públicas e políticas sociais; saúde pública e saúde coletiva; movimento sanitário e reforma sanitária; atenção psicossocial; Psicanálise e hospital; Psicanálise e psicossomática; Psicanálise e saúde coletiva; Psicanálise e políticas públicas; Psicanálise e política; Marx e Psicanálise. Autor de quatro livros: *Clínica e Psicologia no contexto hospitalar: contribuições da reforma sanitária e da saúde coletiva; Urgência e sujeito numa unidade hospitalar: ensaios sobre a práxis da Psicanálise na instituição de saúde; Dor (psíquica) e psicossomática: breves considerações sobre a clínica e a teoria psicanalítica na urgência hospitalar* e *Psicanálise e política: os limites de uma práxis.*

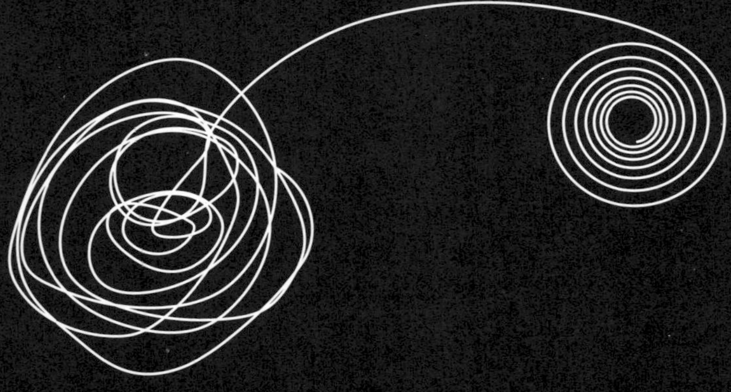

INTRODUÇÃO

Com razão, a profissão médica é conservadora. Não se deve considerar a vida humana o material adequado para experimentos tresloucados. O conservadorismo, por outro lado, é amiúde uma desculpa bem-vinda para mentes preguiçosas, relutantes em adaptarem-se a condições suscetíveis a rápidas mudanças.

Basta lembrarmo-nos da desdenhosa recepção dada às descobertas de Freud no campo do inconsciente.

Quando Freud, depois de anos de persistentes observações, decidiu comparecer diante de entidades médicas para, modestamente, relatar aos colegas alguns fatos que apareciam repetidas vezes em seus próprios sonhos, além de serem recorrentes também nos sonhos de seus pacientes, ele foi ridicularizado de início; depois, contestado e rechaçado com a má fama de excêntrico.

A expressão "interpretação dos sonhos" era – e ainda é – repleta de associações desagradáveis e não científicas. Normalmente, remete-nos a uma grande variedade de noções infantis e supersticiosas, que constituem o estofo dos livros sobre sonhos que apenas gente ignorante e primitiva lê.

A riqueza de detalhes e o infinito cuidado para jamais deixar sem explicação algum fato, inerentes à maneira como Freud demonstrou ao público o resultado de suas investigações, impressionam um número cada vez maior de cientistas sérios, mas o exame das evidências que ele apresentou exige um trabalho árduo e pressupõe uma mente absolutamente aberta.

Por essa razão, ainda hoje encontramos pessoas que, embora desconheçam por completo os escritos de Freud e sequer se interessem o suficiente pelo tema para tentar sugerir uma interpretação de seus próprios sonhos ou dos sonhos dos seus pacientes, zombam das teorias freudianas e as combatem, respaldando-se em afirmações que Freud jamais fez.

Algumas delas, a exemplo do professor Boris Sidis[1], chegam por vezes a conclusões estranhamente semelhantes às de Freud; contudo, em sua ignorância da literatura psicanalítica, não são capazes de dar ao estudioso austríaco o devido crédito por observações feitas anteriormente às suas.

Há, ainda, outro grupo de pessoas que transforma o estudo dos sonhos em alvo de escárnio porque nunca empreendeu uma investigação aprofundada do assunto, que não ousa encarar os fatos revelados pelo estudo dos sonhos. Os sonhos nos contam muitas verdades biológicas desagradáveis acerca de nós mesmos, e apenas mentes muito livres podem se desenvolver com base em uma dieta dessas. O autoengano é uma planta que definha rapidamente na atmosfera translúcida da investigação dos sonhos.

Os fracos e neuróticos, apegados à própria neurose, não estão ávidos por lançar um holofote tão potente para iluminar os cantos escuros da sua psicologia.

As teorias de Freud não são, em absoluto, teóricas.

Movido pelo fato de que aparentemente havia sempre uma estreita ligação entre os sonhos de seus pacientes e as anormalidades mentais deles, Freud se dispôs a reunir milhares de sonhos e compará-los aos históricos clínicos que tinha em mãos.

Ele não começou com um viés preconcebido, na esperança de encontrar provas que pudessem corroborar seus pontos de vista. Em vez disso, esquadrinhou os fatos várias vezes, "até que começassem a lhe dizer alguma coisa".

Sua atitude em relação ao estudo dos sonhos foi, em outras palavras, a de um estatístico que não sabe e não tem meios de prever quais conclusões inevitáveis lhe serão impostas pelas informações que está coletando, mas que está totalmente preparado para aceitá-las.

Foi, sem dúvida, um processo novo em psicologia. Até então, os psicólogos sempre se mostraram habituados a formular – o que Bleuler[2] chamou de "costumes autistas", isto é, lançando mão de métodos de forma alguma endossados por evidências – algumas hipóteses atraentes, que, ao brotarem em seu cérebro, já vinham totalmente armadas, tal qual Minerva nasceu do cérebro de Júpiter já munida de armas.

Depois disso, estendiam sobre essa estrutura inflexível a pele de uma realidade que eles já haviam matado de antemão.

É apenas para mentes que padecem das mesmas distorções, também inclinadas ao autismo, que essas estruturas vazias e artificiais parecem moldes aceitáveis para o pensamento filosófico.

O enfoque pragmático de que "a verdade é o que funciona" ainda não havia sido enunciado quando Freud publicou suas revolucionárias ideias sobre a psicologia dos sonhos. Depois que ele divulgou sua interpretação acerca dos sonhos, tornaram-se óbvios para o mundo cinco fatos de primeira grandeza.

Em primeiro lugar, Freud apontou para uma conexão constante entre alguma parte de cada sonho e algum detalhe da vida do indivíduo sonhador durante o estado de vigília anterior. Isso estabelece de maneira categórica uma relação entre a condição de estar acordado e a de dormir e elimina a visão até então predominante de que os sonhos são fenômenos puramente despropositados, desprovidos de sentido, que vêm não se sabe de onde e levam a lugar nenhum.

Em segundo lugar, Freud, depois de estudar a vida e os modos de pensar do indivíduo sonhador, e de registrar todos os seus maneirismos e detalhes aparentemente insignificantes de sua conduta a revelar pensamentos secretos, chegou à conclusão de que havia em cada sonho a tentativa – bem-sucedida ou não – de realizar algum desejo³, consciente ou inconsciente.

Em terceiro lugar, Freud provou que muitas das nossas visões oníricas são simbólicas, o que nos leva a considerá-las imagens absurdas e ininteligíveis; a universalidade desses símbolos, contudo, as torna bastante transparentes para o observador treinado.

Em quarto lugar, Freud mostrou que os desejos sexuais desempenham um papel enorme no nosso inconsciente, um papel que a hipocrisia puritana sempre tentou minimizar, se não ignorar por completo.

Por fim, Freud estabeleceu uma conexão direta entre sonhos e insanidade, entre as visões simbólicas do nosso sono e as ações simbólicas dos indivíduos com distúrbios mentais.

Ao dissecar os sonhos de seus pacientes, decerto Freud fez muitas outras observações, mas nem todas despertaram tanto interesse quanto as já mencionadas, tampouco foram tão revolucionárias ou propensas a exercer tamanha influência na psiquiatria moderna.

Outros pesquisadores também se embrenharam na trilha que o pioneiro Freud desbravou em direção ao inconsciente humano. As contribuições de Jung[4], de Zurique; Adler[5], de Viena; e Kempf[6], de Washington, D.C., ao estudo do consciente levaram esse campo do conhecimento a lugares que o próprio Freud jamais sonhou alcançar.

No entanto, nunca é exagero enfatizar que, não fosse a teoria freudiana dos sonhos como a realização de desejos, jamais poderiam ter sido formuladas a "teoria da energia psíquica", de Jung, nem a teoria da "inferioridade e compensação dos órgãos", de Adler, tampouco o "mecanismo dinâmico", de Kempf.

Freud é o pai da psicologia anormal moderna e estabeleceu o ponto de vista psicanalítico. Ninguém que não domine sólidos conhecimentos na tradição freudiana pode almejar realizar qualquer obra de valor no campo da psicanálise.

Por outro lado, que ninguém repita a absurda afirmação de que o freudismo é uma espécie de religião limitada por dogmas e que exige um ato de fé. O freudismo propriamente dito foi apenas um estágio no desenvolvimento da psicanálise, um estágio a partir do qual todos – exceto alguns fanáticos seguidores do campo, totalmente desprovidos de originalidade – evoluíram. Milhares de pedras foram acrescentadas à estrutura erguida pelo médico vienense e, com o passar do tempo, muitas outras mais serão.

Porém, as novas adições a essa estrutura ruiriam como um castelo de cartas não fossem os alicerces originais, tão indestrutíveis quanto a descrição de Harvey[7] acerca da circulação sanguínea.

Independentemente de quaisquer acréscimos ou alterações à estrutura original, o ponto de vista analítico permanece inalterado.

Essa perspectiva não apenas está revolucionando todos os métodos de diagnóstico e tratamento de distúrbios mentais, mas também instigando os médicos inteligentes e atualizados a revisarem inteiramente a sua atitude em relação a quase todos os tipos de doença.

As insanas já não são mais pessoas absurdas e dignas de pena, fadadas a serem amontoadas em manicômios até que a natureza os cure ou os alivie de seus sofrimentos por meio da morte. Os indivíduos que não se tornaram insanos em decorrência de lesões no cérebro ou no sistema nervoso são vítimas de forças inconscientes que os levam a fazer coisas anormais que eles poderiam aprender a fazer normalmente, contanto que recebessem ajuda.

A investigação aprofundada da própria psicologia está substituindo com êxito os sedativos e tratamentos baseados no repouso.

Os médicos que lidam com casos "puramente" físicos começaram a levar em consideração, com a devida seriedade, os fatores "mentais" que predispuseram o paciente a certas doenças.

As ideias de Freud também tornaram inevitável uma revisão de todos os valores éticos e sociais e lançaram uma inesperada luz sobre as realizações literárias e artísticas.

Contudo, o ponto de vista freudiano – ou, em termos mais amplos, o ponto de vista psicanalítico – permanecerá sempre um enigma para aqueles que, por preguiça ou indiferença, se recusarem a esquadrinhar ao lado do grande vienense o campo ao longo do qual ele avançou com cautela, tateando o caminho. Jamais ficaremos convencidos enquanto não repetirmos, sob a orientação de Freud, todos os seus experimentos clínicos.

Devemos segui-lo pelo matagal do inconsciente, através do território que nunca tinha sido cartografado antes porque os filósofos acadêmicos, adeptos da postura do menor esforço, decidiram *a priori* que não poderia ser mapeado.

Os geógrafos antigos, ao esgotarem seu estoque de informações sobre terras distantes, cediam a um anseio nada científico de fantasia e, sem qualquer evidência a corroborar seus devaneios, preenchiam os espaços em branco de seus mapas representando trechos inexplorados com legendas divertidas, como "Aqui há leões".

Graças à interpretação freudiana dos sonhos, "o caminho auspicioso" rumo ao inconsciente está agora aberto a todos os desbravadores. Nessa trilha, eles não encontrarão leões – mas, sim, o próprio homem e o registro de toda a sua vida e de sua luta contra a realidade.

Só depois de vermos o indivíduo tal qual o seu inconsciente o apresenta a nós – revelado por seus sonhos – é que o compreenderemos plenamente. Pois, como disse Freud a Putnam[8]: "Somos o que somos porque fomos o que fomos".

Contudo, não foram poucos os estudiosos sérios que desanimaram ao tentar estudar a psicologia dos sonhos.

O livro em que Freud originalmente apresentou ao mundo sua interpretação dos sonhos era em igual medida um registro circunstancial e legítimo a ser objeto da análise detida de cientistas que sobre ele se debruçassem com vagar, e não para ser assimilado em poucas horas pelo leitor médio e atento. Na ocasião, Freud não podia deixar de lado nenhum detalhe que, por meio de evidências, pudesse tornar sua tese extremamente inovadora em algo aceitável para os leitores dispostos a esmiuçar dados.

O próprio Freud, contudo, percebeu a magnitude da tarefa que a leitura de sua *magnum opus* [obra-prima] impunha àqueles que não estavam preparados para tanto por meio de um longo treinamento psicológico e científico. A partir disso, abstraiu da gigantesca obra as partes que constituem o essencial de suas descobertas.

Os editores do presente livro merecem crédito por apresentarem ao público leitor a essência da psicologia de Freud nas palavras do próprio mestre, em um formato que não desencoraja os iniciantes tampouco parece elementar demais para os que já estão mais avançados no estudo psicanalítico.

A psicologia dos sonhos é o cerne das obras de Freud e de toda a psicologia moderna. Com um manual simples e compacto como *A psicologia dos sonhos*, não haverá mais desculpa para a ignorância acerca do mais revolucionário sistema psicológico dos tempos modernos.

André Tridon
Avenida Madison, 121, Nova York
Novembro de 1920

CAPÍTULO 1
OS SONHOS
TÊM SIGNIFICADO

Durante a época que podemos chamar de "período pré-científico", as pessoas não tinham dúvida ou dificuldade quanto a atribuir explicações e interpretações para os sonhos. Evocados pela memória logo ao despertar, os sonhos eram tidos como a manifestação, amigável ou hostil, de algum poder superior, demoníaco ou divino. Com o advento do pensamento científico, toda essa expressiva mitologia foi transferida para a psicologia; e, hoje, entre as pessoas instruídas, somente uma minoria muito reduzida ainda duvida de que os sonhos sejam o ato psíquico do próprio indivíduo que sonha.

Todavia, desde a rejeição da hipótese mitológica, os sonhos carecem de uma interpretação. As condições da origem dos sonhos; sua relação com a nossa vida psíquica quando estamos acordados; sua independência em relação a distúrbios que, durante o estado de sono, parecem impor atenção; suas muitas peculiaridades, que causam repugnância ao nosso pensamento em vigília; a incongruência entre suas imagens e os afetos que engendram; e, ainda, a evanescência ou transitoriedade dos sonhos, a maneira como, ao acordarmos, os nossos pensamentos despertos os rechaçam como algo bizarro e as nossas reminiscências os mutilam ou repudiam – todos esses problemas, e muitos outros, há centenas de anos vêm exigindo respostas e esclarecimentos que, até agora, nunca puderam ser encontrados a contento. Antes de mais nada, coloca-se a questão do significado dos sonhos, que em si é bifronte. Há, em primeiro lugar, o significado psíquico dos sonhos, a sua posição relativa a outros processos psíquicos, como uma possível função biológica. Em segundo lugar, indaga-se: os sonhos têm significado? É possível atribuir sentido ao conteúdo de cada um deles, assim como fazemos com outras sínteses mentais?

No que tange à avaliação da significação dos sonhos, podem-se observar três tendências. Vários filósofos deram credibilidade a uma dessas tendências, a que ao mesmo tempo preserva algo da antiga supervalorização do sonho. Para esses pensadores, o fundamento da vida onírica é um estado peculiar de atividade psíquica que eles chegam, inclusive, a celebrar como uma elevação a algum estado superior. Schubert[9], por exemplo, afirma: "Os sonhos são a libertação do espírito do jugo da natureza externa, a alma desvencilhando-se dos grilhões da matéria". Nem todos os pensadores vão tão longe assim, mas muitos asseveram que os sonhos têm sua origem em estímulos concretos da alma e são as manifestações externas de forças anímicas cuja livre movimentação é impedida por obstáculos durante o dia ("Fantasia onírica", de Scherner e Volkelt).[10] Um grande número de observadores reconhece que a vida onírica é capaz de realizações extraordinárias – pelo menos em certos âmbitos (a "memória", por exemplo).

Em nítida contradição com essa linha de pensamento, para a maioria dos autores médicos, é difícil admitir que os sonhos sejam uma espécie de fenômeno psíquico. A seu juízo, os sonhos são instigados e iniciados exclusivamente por estímulos provenientes dos sentidos (estímulos sensoriais) ou do corpo (estímulos somáticos), que ou chegam desde o exterior para afetar a pessoa adormecida, ou são perturbações acidentais de seus órgãos internos. O que se sonhou não pode ter maior pretensão de significado ou importância do que o som produzido pelos dez dedos de uma pessoa bem pouco familiarizada com a música ao deslizá-los pelas teclado de um piano. Os sonhos devem ser considerados, no dizer de Binz, "como processos somáticos inúteis sempre e, em muitos casos, mórbidos ou patológicos"[11]. Todas as peculiaridades da vida onírica são explicáveis como um esforço incoerente – devido a algum estímulo fisiológico – de certos órgãos ou dos elementos corticais do cérebro que, de resto, está adormecido.

A visão popular, minimamente afetada pela opinião científica e desinteressada quanto à origem dos sonhos, mantém-se aferrada à firme convicção de que os sonhos realmente têm um significado, de alguma forma predizem o futuro, e que de algum modo é possível desvendar seu sentido a partir de um processo de interpretação de seu conteúdo amiúde bizarro e enigmático. A leitura dos sonhos consiste em substituir os acontecimentos de um sonho, tal como é lembrado, por outros acontecimentos. Isso é feito ou cena por cena, de acordo com alguma chave rígida, ou o sonho em sua totalidade é substituído por outra coisa da qual era um símbolo. Pessoas sérias riem desses esforços: "Os sonhos não passam de espuma!"[12].

Um dia descobri, para meu grande espanto, que a visão popular – baseada em superstições, e não a perspectiva médica – era a que mais se aproximava da verdade sobre os sonhos. Cheguei a novas conclusões sobre os sonhos por meio do emprego de um novo método de inquirição psicológica, que me prestou bons serviços na investigação de fobias, obsessões, delírios e congêneres, e que, desde então, sob o nome de "psicanálise", encontrou aceitação por toda uma escola de investigadores. As múltiplas analogias existentes entre a vida onírica e as mais diversas condições de enfermidade psíquica no estado de vigília têm sido corretamente apontadas por vários observadores médicos. Parecia, portanto, *a priori*, auspicioso aplicar à interpretação dos sonhos métodos de investigação que haviam sido testados em processos psicopatológicos. As obsessões e aquelas sensações peculiares do pavor obsessivo permanecem tão estranhas à consciência normal quanto os sonhos são à nossa consciência de vigília; para a consciência, a origem das obsessões e fobias é tão desconhecida quanto a dos sonhos. Foram considerações e fins de ordem prática que nos impeliram a compreender a origem e a formação dessas doenças. A experiência nos mostrou que a cura dos sintomas e o consequente domínio das ideias obsessivas ocorriam quando se revelavam as sequências de pensamentos, os elos entre as ideias mórbidas e os demais conteúdos psíquicos até então ocultos da consciência. O procedimento que empreguei para a interpretação dos sonhos decorreu, portanto, da psicoterapia.

Esse procedimento é fácil de se descrever, embora colocá-lo em prática exija instrução, treinamento e experiência. Suponha que o paciente esteja sofrendo de um pavor mórbido intenso. Solicitamos a ele que direcione sua atenção para a ideia em questão sem, no entanto, meditar sobre ela, como vem fazendo com tanta frequência. Todas as impressões que lhe ocorrerem a respeito, sem qualquer exceção, devem ser comunicadas ao médico. Se em seguida o paciente declarar que não é capaz de concentrar a sua atenção em absolutamente nada, essa afirmação deve ser contestada pelo médico, que lhe assegurará, da forma mais enérgica e categórica possível, que esse estado de completo vazio mental é uma total impossibilidade.

A bem da verdade, em breve ocorrerão diversas ideias e impressões, às quais outras se associarão, e que serão invariavelmente acompanhadas pela expressão da opinião do observador de que são irrelevantes, não têm significado nem importância. Notar-se-á, de imediato, que foi essa atitude autocrítica que impediu o paciente de comunicar as ideias que, com efeito, antes já havia excluído da consciência. Se o paciente puder ser induzido a abandonar essa autocrítica e seguir o encalço das linhas de pensamento produzidas pela concentração da atenção, será possível obter um conteúdo psíquico bastante significativo, material que, de pronto constataremos, mostra claras e evidentes ligações com a ideia patológica em questão. Sua conexão com outras ideias será manifesta e mais tarde permitirá a substituição da ideia mórbida por uma nova, perfeitamente adaptada à continuidade psíquica.

Este não é o lugar para examinar em minúcias a hipótese em que se baseia tal experimento, tampouco as deduções decorrentes de seu invariável sucesso. Assim, deve ser suficiente afirmar que obteremos material satisfatório para a resolução de todas as ideias mórbidas ao dirigirmos nossa atenção especialmente para as associações espontâneas que perturbam os nossos pensamentos – aquelas que em outras circunstâncias seriam descartadas pelo crítico como lixo imprestável. Se o procedimento for exercido pela pessoa sobre si própria, a melhor maneira de ajudar o experimento é tomar nota, de imediato, de todas as primeiras ideias de sentido indistinto.

Mostrarei agora aonde leva esse método quando o aplico ao exame dos sonhos. Qualquer sonho pode ser investigado dessa maneira. Contudo, por certos motivos, escolherei um que eu mesmo tive, o qual na minha lembrança parece confuso e sem sentido, e em que haja a vantagem adicional da brevidade. Provavelmente, o sonho que tive noite passada atenda a esses requisitos. Seu conteúdo, por mim registrado por escrito imediatamente após despertar, é o seguinte:

> *"Na companhia de um grupo de pessoas; à mesa de um restaurante, ou* table d'hôte...[13] *serve-se espinafre. A sra. E. L., sentada ao meu lado, me dá toda a sua atenção e coloca a mão no meu joelho, em um gesto que denota intimidade. Em defesa, retiro a mão dela. Então, ela diz: 'Mas você sempre teve olhos tão lindos'. Em seguida, vejo*

nitidamente algo como o esboço de dois olhos ou o contorno das lentes de um par de óculos..."

Este é o sonho em sua totalidade ou, pelo menos, tudo de que consigo me lembrar dele. Parece-me não apenas obscuro e sem sentido, mas especialmente bizarro. A sra. E. L. é uma pessoa com quem raramente tenho contato e com quem, até onde eu saiba, jamais desejei ter um relacionamento mais estreito. Faz muito tempo que não a vejo, e não creio que tenha havido qualquer menção a ela recentemente. Nenhuma emoção acompanhou o processo onírico.

Refletir sobre esse sonho não o torna nem um pouco mais claro ou compreensível à minha mente. Não obstante, apresentarei agora, sem premeditação nem crítica, as ideias que a introspecção produziu. Logo percebo que é vantajoso decompor o sonho em seus elementos e procurar as ideias que se ligam a cada fragmento.

"Na companhia de um grupo de pessoas; à mesa de um restaurante, ou table d'hôte*..."* Imediatamente minha lembrança evoca o ligeiro acontecimento com que terminou a noite de ontem. Saí de uma pequena reunião festiva na companhia de um amigo, que se ofereceu para me levar para casa em seu táxi. Disse ele: "Eu prefiro ir de táxi, porque proporciona uma ocupação das mais agradáveis; sempre há algo para olhar". Assim que entramos no táxi, e o motorista acionou o taxímetro, de modo que os primeiros sessenta *hellers* ficaram visíveis, dei continuidade ao gracejo. "Mal nos acomodamos no assento e já estamos devendo sessenta *hellers*[14]. O táxi sempre me faz lembrar um *table d'hôte*. O taxímetro causa em mim a sensação de ser avarento e egoísta,

por me fazer lembrar continuamente da conta que terei de pagar. Parece-me que o montante da minha dívida aumenta depressa demais, e sempre tenho medo de ficar em desvantagem, assim como em um *table d'hôte* não sou capaz de resistir ao medo cômico de estar recebendo muito pouco e de que tenho eu mesmo que cuidar dos meus interesses." Em uma conexão absurda com isso, cito:

> *Vós nos conduzis em plena vida.*
> *Vós deixais pecar o pobre.*[15]

Outra ideia acerca do *table d'hôte*: há algumas semanas, fiquei muito zangado com a minha querida esposa à mesa de jantar em uma estância de tratamento no Tirol, porque ela não foi suficientemente reservada em relação a algumas pessoas sentadas à mesa ao lado, com as quais eu não desejava ter absolutamente nenhum contato. Implorei a ela que se ocupasse mais comigo do que com os desconhecidos. Foi exatamente como se eu estivesse em desvantagem mesmo sem nenhum *table d'hôte*. Ocorre-me agora o contraste entre o comportamento da minha mulher à mesa e o da sra. no sonho: "Me dá toda a sua atenção".

Ademais, agora percebo que o sonho é a reprodução de uma breve cena que ocorreu entre mim e minha esposa quando eu a cortejava em segredo. A carícia que ela me fez por baixo da mesa foi uma resposta à apaixonada carta de um pretendente. No sonho, contudo, minha esposa é substituída pela sra. E. L., com quem eu tenho pouquíssima familiaridade.

A sra. E. L. é filha de um homem a quem eu devia dinheiro! Não posso deixar de notar que aqui se revela uma insuspeitada conexão entre o conteúdo do sonho e os meus pensamentos. Se for seguido o encadeamento de associações que procedem de um dos elementos do sonho, logo seremos reconduzidos a outro de seus elementos. Os pensamentos evocados pelo sonho suscitam associações que não eram perceptíveis nele próprio.

Quando um indivíduo espera que outras pessoas cuidem dos interesses dele sem auferir para si mesmas qualquer vantagem, é costumeiro que elas façam em tom jocoso a ingênua indagação: "Você acha mesmo que farei isso só por causa dos seus lindos olhos?". Daí decorre que o discurso da sra. E. L. no sonho – "Mas você sempre teve olhos tão lindos" – não significa nada além de "as pessoas sempre fazem tudo com você por amor a você; você sempre teve de tudo *sem ter de pagar nada*". Logicamente, a verdade é o contrário: sempre paguei caro por todas as demonstrações de gentileza de outras pessoas comigo. Ainda assim, o fato de eu ter ido de carona de graça na noite passada, quando meu amigo me levou para casa em seu táxi, deve ter me impressionado.

Em todo caso, o amigo que nos recebeu em casa ontem fez de mim, em muitas ocasiões, seu devedor. Recentemente, deixei passar uma oportunidade de reembolsá-lo e acertar de vez as contas. De mim, ele recebeu apenas um presente, um xale de estilo antigo, ao redor do qual há olhos pintados, uma peça chamada *occhiale*, que é um amuleto contra o *malocchio* (mau-olhado). Além disso, ele é oftalmologista. Nessa mesma noite, eu lhe perguntei sobre um paciente que eu encaminhara a ele em busca de uma receita de óculos.

Como já comentei, quase todas as partes do sonho foram trazidas para essa nova conexão. Ainda posso conjecturar sobre por que no sonho serviram espinafre, pois essa hortaliça evocava uma pequena cena que ocorrera recentemente à nossa mesa. Uma criança, cujos lindos olhos realmente merecem elogios, recusou-se a comer espinafre. Quando criança, eu era igual; por muito tempo detestei espinafre, até que mais tarde na vida meu gosto se modificou e essa hortaliça se tornou um dos meus pratos favoritos. A menção a esse prato aproxima a minha própria infância da do meu filho. "Você deveria estar feliz por ter um pouco de espinafre para comer", dissera a mãe ao pequeno *gourmet*. "Algumas crianças ficariam muito felizes em comer espinafre." Assim, relembro os deveres dos pais com os filhos. As palavras de Goethe – "Vós nos conduzis em plena vida" – assumem outro significado nesse contexto.

Pararei por aqui a fim de poder recapitular os resultados da análise do sonho. Ao seguir as associações ligadas aos elementos isolados do sonho arrancados de seu contexto, cheguei a uma série de pensamentos e reminiscências em que sou obrigado a reconhecer expressões interessantes de minha vida psíquica. O material produzido pela análise do sonho mantém íntima relação com a sua essência, mas essa relação é tão especial que eu nunca teria sido capaz de inferir as novas descobertas diretamente a partir do próprio conteúdo onírico. O sonho era desprovido de paixão, desconexo e ininteligível. Durante o período de tempo em que fui desdobrando os pensamentos por trás do sonho, senti emoções intensas e bem fundamentadas. Os próprios pensamentos se encaixavam esplendidamente em encadeamentos lógicos vinculados a certas ideias centrais que sempre se repetem. Essas ideias não representadas no próprio sonho são, neste caso, as antíteses egoísta × altruísta, estar em dívida × receber de graça. Eu poderia aproximar mais os fios da teia que a análise deslindou e, então, seria capaz de mostrar como todos eles se agregam em um único ponto fulcral; estou impedido de tornar público esse trabalho por considerações de natureza privada, e não científica. Depois de ter esclarecido muitas coisas minhas que não admito de bom grado, eu teria de revelar muitas outras que é melhor que permaneçam em sigilo. Por que, então, não escolho outro sonho cuja análise seria mais adequada para publicação, de modo que eu pudesse despertar uma convicção mais justa do sentido e da coesão dos resultados revelados pela análise? A resposta é que todo sonho que eu me propusesse a investigar levaria às mesmas dificuldades e me colocaria sob a mesma necessidade de discrição; nem mesmo se analisasse o sonho de outra pessoa eu contornaria essa dificuldade. Isso só poderia ser feito se a oportunidade permitisse abandonar todo e qualquer disfarce, sem prejuízo para aqueles que confiam em mim.

A conclusão que agora se impõe a mim é que o sonho é uma espécie de substituição daquelas linhas de pensamento emocionais e intelectuais que alcancei após uma análise completa. Ainda não conheço o processo pelo qual o sonho foi gerado a partir desses pensamentos, mas percebo que é errôneo considerar o sonho como algo desimportante em termos psíquicos, um processo puramente físico resultante da atividade de elementos corticais isolados, despertados do sono.

Devo, ainda, observar como o sonho é muito mais curto do que os pensamentos que considero serem substituídos por ele, enquanto a análise descobriu que o sonho foi instigado por um acontecimento sem importância na noite anterior a ele.

Naturalmente, eu não tiraria conclusões tão abrangentes se conhecesse apenas a análise de um único sonho. A experiência me mostrou que, quando sigo honestamente as associações nascidas de qualquer sonho, revela-se uma linha de pensamento em que as partes constituintes do sonho reaparecem, interligadas entre si de forma correta e sensata; portanto, a mais ligeira suspeita de que essa concatenação foi um mero acidente fortuito, resultante da observação de uma primeira experiência, deve ser absolutamente abandonada. Considero, pois, ter o direito de estabelecer essa nova concepção por meio de uma terminologia apropriada. Faço o cotejo entre o sonho que a minha memória evoca e o sonho e outros conteúdos adicionais revelados pela análise: ao primeiro chamo de "conteúdo manifesto do sonho"; ao último, sem a princípio sugerir novas subdivisões, de "conteúdo latente do sonho". Chego, então, a dois novos problemas até este momento não formulados: (1) Qual processo psíquico transformou o conteúdo latente do sonho em seu conteúdo manifesto? (2) Quais motivos tornaram necessária essa transformação? O processo por meio do qual é efetuada a mudança do conteúdo latente em conteúdo manifesto é o que chamo de "trabalho do sonho". Em contrapartida a isso, está o trabalho de análise, que produz a transformação inversa. Em relação aos outros problemas do sonho – a investigação quanto aos estímulos que os instigam, à origem de seus conteúdos, a seu possível propósito, à função do sonhar, ao esquecimento dos sonhos –, estes serão discutidos em conexão com o conteúdo onírico latente.

Tomarei todos os cuidados a fim de evitar a confusão entre o conteúdo manifesto e o conteúdo latente, uma vez que atribuo todos os relatos contraditórios e incorretos da vida onírica à ignorância acerca do conteúdo latente dos sonhos, agora revelado pela primeira vez por meio da análise.

A conversão dos pensamentos oníricos latentes em conteúdo manifesto merece nosso estudo minucioso como o primeiro exemplo conhecido da transformação da matéria psíquica de um modo de expressão em outro – de um modo de expressão que, além disso, é imediata e facilmente inteligível, em outro no qual só podemos penetrar com o auxílio de esforço e orientação, embora este novo modo deva ser igualmente considerado um feito de nossa própria atividade psíquica. Do ponto de vista da relação entre o conteúdo onírico latente e o conteúdo manifesto, os sonhos podem ser divididos em três classes.

Podemos, em primeiro lugar, distinguir a categoria dos sonhos que têm um significado e são, ao mesmo tempo, inteligíveis, e que nos permitem penetrar sem mais delongas na nossa vida psíquica. Esses sonhos são inúmeros; geralmente curtos, via de regra não são chamativos nem parecem merecer muita atenção, pois a eles falta tudo o que é extraordinário, surpreendente ou empolgante. A sua ocorrência é, ademais, um forte argumento contra a doutrina segundo a qual os sonhos se originam da atividade isolada de certos elementos corticais. Faltam todos os sinais de uma atividade psíquica diminuída ou subdividida. No entanto, nunca levantamos qualquer objeção a que sejam caracterizados como sonhos, tampouco os confundimos com os produtos da nossa vida de vigília.

Um segundo grupo é formado por aqueles sonhos que de fato têm sua própria coerência e um significado distinto, mas parecem mirabolantes porque somos incapazes de conciliar o seu significado com a nossa vida mental. É o que acontece quando sonhamos, por exemplo, que algum ente querido morreu vitimado por sintomas da peste, quando sabemos não ter nenhum fundamento lógico para esperar, recear ou presumir algo do tipo; podemos apenas nos perguntar, em tom de assombro: "Como essa ideia entrou na minha cabeça?".

Ao terceiro grupo pertencem os sonhos que são desprovidos de significado e inteligibilidade; são incoerentes, confusos, complexos e sem sentido. Um número esmagador de nossos sonhos tem essa natureza, e isso deu origem à atitude desdenhosa em relação a eles e fundamentou a teoria médica de que os sonhos têm uma atividade psíquica limitada. É sobretudo nas tramas oníricas mais longas e intrincadas que raramente faltam sinais de incoerência.

O contraste entre o conteúdo onírico manifesto e o conteúdo onírico latente, claro está, tem valor apenas para os sonhos da segunda categoria e, de modo mais especial, para os do terceiro grupo. É aí que nos deparamos com problemas que só serão resolvidos quando o sonho manifesto for substituído por seu conteúdo latente. Foi um exemplo desse tipo, um sonho complicado e ininteligível, que submetemos à análise. Contrariando nossas expectativas, porém, encontramos razões que impediram um conhecimento completo do pensamento onírico latente. Na repetição de experiências semelhantes, fomos forçados a supor que existe um vínculo íntimo, regido por leis próprias, entre a natureza ininteligível e complicada do sonho e as dificuldades inerentes a comunicar os pensamentos aos sonhos a eles relacionados. Antes de investigar a natureza desse vínculo, será vantajoso voltar nossas atenções para os sonhos mais facilmente inteligíveis do primeiro grupo, no qual, sendo o conteúdo manifesto e o latente idênticos, parece haver uma omissão do trabalho do sonho.

A averiguação desses sonhos também é aconselhável de outro ponto de vista. Os sonhos das crianças são dessa natureza, têm significado e não são bizarros. A propósito, essa é mais uma objeção à noção que reduz os sonhos a uma dissociação da atividade cerebral durante o sono; afinal, por que essa redução das funções psíquicas deveria ser uma característica da índole do sono dos adultos, mas não do das crianças? Temos, no entanto, plenas justificativas para esperar que a explicação dos processos psíquicos nas crianças, por mais essencialmente simplificados que possam ser, sirva como uma preparação indispensável para a psicologia do adulto.

Citarei, assim, alguns exemplos de sonhos de crianças por mim coligidos. Uma menina de 19 meses de vida foi obrigada a ficar um dia sem se alimentar porque passou mal pela manhã e, segundo a babá, vomitou por ter comido morangos. Durante a noite, após um dia inteiro em jejum, ouviram a menina chamar o nome da babá durante o sono, acrescentando: "Muango, óvus, papinha". Ou seja, estava a sonhar que comia e selecionou em seu cardápio exatamente os alimentos que, ela supõe, não lhe dariam em grandes quantidades naquele momento.

Um menino de 22 meses de vida teve o mesmo tipo de sonho sobre um alimento proibido. No dia anterior, fora instruído a oferecer ao tio de presente uma cestinha de cerejas, das quais a criança, é claro, só pôde provar uma. Ele acordou com a alegre notícia: "O Hermann comeu todas as cerejas".

Uma menina de 3 anos e meio fez, durante o dia, um passeio de barco que, a seu ver, foi curto demais, e chorou quando teve de desembarcar. Na manhã seguinte, contou a história de que, durante a noite, tinha estado no mar, continuando a viagem marítima interrompida.

Um menino de 5 anos e meio não ficou nada satisfeito com seu grupo durante um passeio pelos arredores da região da montanha de Dachstein, na Áustria. Sempre que avistava um novo pico, ele perguntava se aquele era o Dachstein e, por fim, se recusou a acompanhar o grupo até a cachoeira. Seu comportamento foi atribuído ao cansaço; mas uma explicação melhor surgiu quando, na manhã seguinte, o menino relatou seu sonho: *ele havia de fato subido o Dachstein*. Ficou claro que sua expectativa era a de que a caminhada até o Dachstein fosse o objetivo da excursão, e ficou irritado por não ter vislumbrado a montanha. O sonho lhe deu o que o dia lhe havia negado.

Uma menina de 6 anos teve um sonho semelhante: por causa do adiantado da hora, o pai dela abreviou uma caminhada antes de atingirem o objetivo prometido. No caminho de volta, a menina notou uma placa informando o nome de outro lugar onde se realizavam excursões; o pai prometeu levá-la lá também, em alguma outra ocasião. No dia seguinte, ela deu ao pai a notícia de que havia sonhado que *ele havia ido com ela nos dois lugares*.

O que há de elemento comum em todos esses sonhos é por demais óbvio: eles realizam plenamente desejos que, instigados durante o dia, permaneceram irrealizados. São, de forma simples e indisfarçável, realizações dessas vontades.

O seguinte sonho infantil, não muito compreensível à primeira vista, nada mais é do que um desejo realizado: por causa de sintomas da poliomielite, uma menina de menos de 4 anos de idade foi levada do campo para a cidade e passou a noite na casa de uma tia sem filhos, onde dormiu em uma cama grande – para ela, naturalmente, era uma cama imensa. Na manhã seguinte, a menina contou que havia sonhado que *a cama era pequena demais para ela, e a falta de espaço era tanta que ela não cabia*. Explicar esse sonho como um desejo é fácil quando lembramos que "ser grande" é um desejo expresso com frequência por todas as crianças. Para a senhorita-pequenina-que-queria-ser-grande, as dimensões da cama serviram como um violento lembrete de sua própria pequenez. Essa situação desagradável foi corrigida no sonho da menina, em que cresceu tanto que a cama ficou pequena demais para ela.

Mesmo quando os sonhos das crianças são complexos e requintados, fica bastante evidente que devem ser compreendidos como a realização de um desejo. Um menino de 8 anos sonhou que estava sendo conduzido com Aquiles em um carro de combate guiado por Diomedes. No dia anterior, estava lendo vorazmente um livro sobre grandes heróis da Grécia Antiga. É fácil demonstrar que ele tomou esses heróis como modelos e lamentava não ter vivido naquela época.

Nesse pequeno conjunto de exemplos, manifesta-se mais uma característica dos sonhos das crianças: a sua ligação com a vida diurna. Os desejos realizados nesses sonhos são resquícios do dia ou, via de regra, da véspera, e o sentimento tornou-se intensamente enfatizado e fixado nos pensamentos diurnos.

Episódios fortuitos e insignificantes, ou o que assim pareçam à criança, não encontram aceitação no conteúdo do sonho.

Inúmeros exemplos desses sonhos do tipo infantil também podem ser encontrados entre adultos, mas, como mencionado, estes são, em sua maioria, exatamente iguais ao conteúdo manifesto. Em geral, um grupo de pessoas selecionadas aleatoriamente responderá à sede noturna com um sonho em que está bebendo algo, esforçando-se, assim, para se livrar da sensação de sede e permitir a continuidade do sono. Muitas pessoas costumam ter esses sonhos reconfortantes pouco antes de acordar, justamente quando são chamadas a sair da cama. Sonham, então, que já estão de pé, que estão tomando banho, ou que já estão na escola, no escritório etc., onde terão de estar em determinado horário. Na noite de véspera de uma viagem marcada, não é raro a pessoa sonhar que já chegou ao destino; antes de ir a uma peça teatral ou a uma festa, não é incomum que o sonho antecipe, por assim dizer, via impaciência, o prazer esperado. Outras vezes, o sonho expressa a realização do desejo de forma um tanto indireta; é necessário conhecer alguma conexão, alguma sequência – é o primeiro passo para reconhecer o desejo. Assim, quando um marido me contou o sonho de sua jovem esposa de que sua menstruação havia começado, tive de conjecturar que ela devia ter esperado uma gravidez caso a menstruação não tivesse ocorrido. O sonho é, portanto, um anúncio da gestação. Seu significado é mostrar o desejo realizado de que a gravidez não ocorra ainda. Em circunstâncias singulares e extremas, esses sonhos do tipo infantil tornam-se muito frequentes. Por exemplo, o líder de uma expedição polar conta-nos que, durante o rigoroso inverno que passaram no meio do gelo, vivendo à base de uma dieta monótona e de escassas porções de comida, os membros de sua equipe sonhavam regularmente, feito crianças, com fartas refeições, com montanhas de tabaco e que estavam de volta a seu próprio lar.

Não é incomum que, em um sonho longo, complexo e intrincado, se destaque uma parte especialmente lúcida, contendo de forma inequívoca a realização de um desejo, mas atrelada a um material ininteligível. Ao analisarmos com frequência os sonhos aparentemente mais transparentes dos adultos, é surpreendente constatar que estes quase nunca são tão simples como os sonhos das crianças e que abrangem outro significado além do da realização de um desejo.

Seria certamente uma solução simples e conveniente para o enigma se o trabalho de análise nos habilitasse a encontrar a origem dos sonhos intricados e sem sentido dos adultos nos sonhos do tipo infantil, que consistem na realização de algum desejo intensamente vivenciado durante o dia. Mas não há justificativa para essa expectativa. Os sonhos dos adultos geralmente estão repletos dos materiais mais insignificantes e bizarros, e em seu conteúdo não se encontra nenhum vestígio da realização de qualquer desejo.

Antes de abandonarmos os sonhos infantis, que são obviamente desejos irrealizados, não podemos deixar de mencionar outra importantíssima característica dos sonhos, que já foi notada há muito tempo e que se destaca com mais clareza nessa categoria. Posso substituir qualquer um desses sonhos por uma frase que expresse um desiderato: "Se o passeio de barco tivesse durado um pouco mais de tempo; se eu estivesse limpo e vestido; se eu tivesse permissão para ficar com as cerejas em vez de entregá-las ao meu tio". Mas o sonho oferece algo mais do que a escolha, pois nele o desejo já está realizado; sua realização é real e efetiva. As representações dos sonhos consistem, sobretudo, se não totalmente, de cenas e, em grande medida, de imagens sensoriais visuais. Por conseguinte, não está inteiramente ausente nessa classe de sonhos uma espécie de transformação que pode, com justeza, ser denominada "trabalho do sonho". Uma ideia que existe meramente na região da possibilidade é substituída por uma visão da sua realização.

CAPÍTULO 2

O MECANISMO DOS SONHOS

Somos compelidos a supor que uma transformação da cena ocorreu também nos sonhos intrincados, embora não saibamos se nesse caso houve a realização de algum desejo possível. O sonho citado no início, que analisamos com certa minúcia, deu-nos ensejo, em dois trechos, para suspeitar de algo dessa natureza. A análise revelou que minha esposa estava ocupada com outras pessoas à mesa e que eu não gostei disso; no sonho em si ocorre exatamente o oposto, pois a pessoa que substitui minha esposa me dá toda a sua atenção. Contudo, após uma experiência desagradável, pode alguém manifestar algo mais prazeroso do que o desejo de que exatamente o contrário tivesse ocorrido, tal como se passou no sonho? O pensamento pungente na análise, de que nunca recebi nada de graça, está igualmente ligado à observação da mulher no sonho: "Você sempre teve olhos tão lindos". Portanto, parte da oposição entre o conteúdo latente do sonho e o conteúdo manifesto do sonho deve ser atribuída à realização de um desejo.

Outra manifestação do trabalho do sonho que todos os sonhos incoerentes têm em comum é ainda mais notável. Escolha qualquer exemplo e compare o número de elementos separados nele, ou a extensão do sonho, se foi registrado por escrito, com os pensamentos oníricos produzidos pela análise, e dos quais apenas um vestígio pode ser reencontrado no próprio sonho. Não pode haver dúvida de que o trabalho do sonho resultou em uma extraordinária compressão ou condensação. A princípio, não é fácil formar uma opinião em relação à extensão da condensação. Quanto mais nos aprofundamos na análise, mais intensamente ficamos impressionados com ela. Não se encontrará no sonho nenhum fator cujos encadeamentos de associações não conduzam em duas ou mais direções, nenhuma cena que não tenha sido montada a partir de duas ou mais impressões e eventos. Por exemplo: certa vez sonhei com uma espécie de piscina na qual os banhistas subitamente se espalhavam em todas as direções. Em um ponto da borda, havia uma pessoa de pé, curvada em direção a um dos banhistas, como se quisesse arrastá-lo para fora da água. A cena era um emaranhado de microcenas e se constituía da aglutinação da lembrança de um acontecimento ocorrido na minha adolescência e duas imagens, de dois quadros, um dos quais eu tinha visto pouco antes do sonho. Os dois quadros eram *A surpresa no banho*, do "Ciclo de Melusina", de [Moritz Ludwig von] Schwind (observe os banhistas que no sonho se separam repentinamente), e *O dilúvio*, de um mestre italiano. Já o pequeno incidente de minha puberdade foi que certa vez presenciei uma senhora, que havia se demorado na piscina até o horário reservado aos banhistas homens, sendo ajudada a sair da água pelo instrutor de natação. A cena do sonho selecionada para análise deu origem a todo um conjunto de reminiscências, cada uma das quais contribuiu para o conteúdo do sonho. Em primeiro lugar, veio o pequeno episódio do meu namoro com a minha esposa, ao qual já fiz menção; a pressão de uma mão sob a mesa deu origem, no sonho, ao "debaixo da mesa" para o qual tive posteriormente de encontrar um lugar na minha lembrança. É claro que no momento do episódio não havia nenhuma palavra sobre "Me dá toda a sua atenção". A análise me ensinou que esse fator é a realização de um desejo por meio de seu contrário e está relacionado ao comportamento de minha esposa à mesa de jantar no *table d'hôte*. Um episódio exatamente semelhante e muito mais importante desse período do nosso namoro, em que ficamos separados durante um dia inteiro, está escondido por trás desta lembrança recente. A intimidade, a mão apoiada no joelho, refere-se a uma conexão bem diferente e dizia respeito a outras pessoas. Por sua vez, esse elemento do sonho torna-se novamente o ponto de partida de duas séries distintas de reminiscências, e assim por diante.

A matéria dos pensamentos oníricos, que foi acumulada para a formação da cena onírica, deve ser naturalmente adequada para essa aplicação. Deve haver um ou mais fatores comuns. O trabalho do sonho prossegue como Francis Galton[16] com suas fotografias de família. Os diferentes componentes se sobrepõem uns aos outros; o que é comum à imagem composta se destaca claramente, os detalhes opostos se cancelam entre si. Esse processo de reprodução explica em parte as afirmações vacilantes, de uma imprecisão peculiar, em tantos elementos do sonho. Para a interpretação dos sonhos, vale a seguinte regra: quando a análise revela incerteza, na forma de um "ou isto..., ou aquilo", devemos substituí-la por "e", tomando cada uma das seções das aparentes alternativas como uma via de escape separada para uma série de impressões.

Quando não há entre os pensamentos oníricos nenhum elemento em comum, o sonho se dá ao trabalho de criar algo a fim de viabilizar uma representação comum nele. A maneira mais simples de aproximar dois pensamentos oníricos, que até agora nada têm em comum, consiste em fazer uma alteração na expressão real de uma ideia que satisfaça uma ligeira reformulação responsiva na forma da outra ideia. O processo é análogo ao da elaboração de rimas, em que a consonância fornece o fator comum desejado. Grande parte do trabalho do sonho consiste na criação dessas digressões amiúde muito engenhosas, mas outras vezes exageradas, que variam da apresentação comum no conteúdo do sonho a pensamentos oníricos que são tão variados quanto as causas da forma e essência que dão origem aos sonhos. Na análise do nosso sonho-exemplo, encontro um caso semelhante de transformação de um pensamento para que possa coadunar-se com outro que lhe é essencialmente estranho. Ao prosseguir a análise, deparei-me com o seguinte pensamento: "Eu gostaria de receber algo de graça". Mas essa fórmula não é útil ao sonho. Por isso, é substituída por outra: "Eu gostaria de desfrutar de algo sem ter de pagar".[1] A palavra *kost*

---

1 *"Ich möchte gerne etwas geniessen ohne 'Kosten' zu haben."*, trocadilho com a palavra *kosten*, que tem duas acepções – "gosto" e "custo". Em *Die Traumdeutung*, terceira edição, nota de rodapé da p. 71, o professor Freud observa que "o melhor exemplo de interpretação de sonhos que nos deixaram os antigos baseia-se em um trocadilho" ("A interpretação dos sonhos", de Artemidoro de Daldis). "Ademais, os sonhos estão tão intimamente ligados à linguagem

("custo" ou "gosto"), com sua dupla acepção, é apropriada para um *table d'hôte*; além disso, o vocábulo está presente pelo sentido especial do sonho. Em casa, se houver um prato que as crianças recusem, a mãe primeiro tenta uma persuasão delicada, com um "Apenas experimente um pouco, sinta o gosto". O fato de o trabalho do sonho usar sem hesitação a ambiguidade da palavra é certamente digno de nota; a ampla experiência mostrou, entretanto, que se trata de uma ocorrência das mais comuns.

Por meio da condensação do sonho, tornam-se explicáveis certas partes constituintes de seu conteúdo, componentes que são peculiares apenas à vida onírica e que não são encontradas no estado de vigília. Tratam-se das pessoas compósitas e mistas, as extraordinárias figuras compostas, criações comparáveis às fantásticas composições da imaginação dos orientais; basta um momento de reflexão, e esses seres são reduzidos à unidade, ao passo que as fantasias do sonho adquirem sempre novas formas, em uma profusão perpétua e inesgotável. Todos estamos familiarizados com essas imagens em nossos próprios sonhos; múltiplas são suas origens. Em meu sonho, posso construir uma pessoa tomando emprestada uma característica de fulano e outra de sicrano, ou dando à forma de uma o nome de outra. Posso, também, visualizar uma pessoa, mas colocá-la em uma situação que ocorreu a outrem. Há um significado em todos esses casos, quando pessoas diferentes são amalgamadas em um substituto. Tais casos denotam um

---

que Ferenczi de fato ressalta que cada língua tem sua própria linguagem de sonhos. Um sonho é, via de regra, intraduzível para outras línguas." (Nota do tradutor da edição em língua inglesa.)

"e", um "igual a", uma comparação da pessoa original de um determinado ponto de vista, comparação que também pode ser realizada no próprio sonho. Via de regra, porém, a identidade das pessoas mescladas somente pode ser descoberta pela análise e, no conteúdo do sonho, é indicada apenas pela formação da pessoa "combinada".

A mesma diversidade em seus modos de formação e as mesmas regras para sua solução valem, também, para a profusa mescla de conteúdos oníricos, e nem sequer preciso citar exemplos. Sua estranheza desaparece por completo tão logo decidimos não os colocar no mesmo nível dos objetos de percepção que conhecemos quando estamos acordados, mas, sim, lembramo-nos de que representam a arte da condensação onírica pela exclusão de detalhes desnecessários. Ganha destaque o caráter comum da combinação. De maneira geral, a análise também deve fornecer as características comuns. O sonho diz apenas: *Todas essas coisas têm em comum um elemento "x"*. A decomposição dessas imagens mistas por meio da análise costuma ser o caminho mais rápido para a interpretação do sonho. Assim, certa vez sonhei que estava sentado com um de meus antigos professores universitários em um banco, que se remexia em um movimento veloz e contínuo em meio a outros bancos. Era uma combinação de sala de aula e uma passarela rolante[17]. Não levarei mais adiante o resultado posterior do pensamento. Em outra ocasião, eu estava sentado no interior de uma carruagem e no meu colo havia um objeto em formato de cartola, mas que era de vidro transparente[18]. De imediato, a cena me trouxe à mente o provérbio: "Quem segura firme o chapéu percorre o terreno em segurança"[19]. Com um ligeiro giro, o chapéu de vidro me fez lembrar da luz de Auer, e eu sabia que estava prestes a inventar algo que me tornaria tão rico e independente quanto sua invenção tornara meu compatriota, o dr. Auer, de Welsbach[20]; aí eu poderia viajar em vez de permanecer em Viena. No sonho, eu viajava com minha invenção, aquela cartola de vidro, que, verdade seja dita, era bastante bizarra. O trabalho do sonho é peculiarmente hábil em representar duas concepções contraditórias por meio da mesma imagem mista. Assim, por exemplo, uma mulher sonhou que carregava uma flor de talo comprido, como na imagem da Anunciação (Maria Castidade é o nome dela), mas esse talo estava enfeitado com grossas flores brancas assemelhadas a camélias (contraste com castidade: *A dama das camélias*)[21].

Grande parte do que chamamos de "condensação de sonho" pode ser formulada assim. Cada um dos elementos do conteúdo do sonho é sobredeterminado pelo material dos pensamentos oníricos; esse conteúdo não decorre de um único elemento desses pensamentos, mas de toda uma série deles. Estes não estão necessariamente interligados de alguma forma, mas podem pertencer às mais diversas e distantes esferas de pensamento. O elemento onírico representa verdadeiramente toda essa disparidade de material no conteúdo do sonho. Além disso, a análise revela um outro lado da relação entre o conteúdo dos sonhos e os pensamentos oníricos. Assim como um elemento do sonho leva a associações com vários pensamentos oníricos, também, via de regra, um pensamento onírico isolado representa mais de um elemento onírico. Os fios da associação não convergem simplesmente dos pensamentos oníricos para o conteúdo onírico, mas, ao longo do caminho, eles se sobrepõem, se entrecruzam e se entrelaçam em todos os sentidos.

Juntamente com a transformação de um pensamento em cenas (sua "dramatização"), a condensação é o traço mais importante e mais característico do trabalho do sonho. Até o momento, não temos ideia do motivo que leva a essa compressão do conteúdo.

Nos sonhos complexos e intrincados de que nos ocupamos agora, a condensação e a dramatização não bastam para explicar totalmente a diferença entre o conteúdo onírico e os pensamentos oníricos. Há evidências de que está em ação um terceiro fator, que merece exame meticuloso.

Quando cheguei à compreensão dos pensamentos oníricos por meio da minha análise, notei, acima de tudo, que o material do conteúdo manifesto do sonho é muito diferente daquele do conteúdo latente. Isso é, admito, uma diferença apenas aparente, que se dissipa após uma investigação mais detalhada, pois, no fim, acabo por descobrir todo o conteúdo do sonho realizado nos pensamentos oníricos, quase todos os pensamentos oníricos novamente representados no conteúdo do sonho. No entanto, resta de fato certa diferença.

O conteúdo essencial que sobressaiu de forma clara e ampla no sonho deve, após a análise, contentar-se com um papel muito subalterno entre os pensamentos oníricos. Esses mesmos pensamentos, que, segundo meus sentimentos, têm direito a reivindicar o maior destaque, ou não estão presentes no conteúdo do sonho, ou são representados apenas por uma ou outra alusão remota em alguma região obscura do sonho. Posso, então, descrever esses fenômenos da seguinte maneira: durante o trabalho do sonho, a intensidade psíquica de pensamentos e concepções aos quais o sonho pertence propriamente flui para outros, que, a meu juízo, não têm direito algum a essa ênfase. Não existe outro processo que contribua tanto para ocultar o significado do sonho e para tornar irreconhecível a ligação entre o conteúdo dele e as ideias oníricas. No decurso desse processo, que chamarei de "deslocamento onírico", noto também que a intensidade psíquica, o significado ou a natureza emocional dos pensamentos são transpostos na forma de vividez sensorial. O que estava mais nítido no sonho parece-me, sem maiores considerações, o mais importante; muitas vezes, porém, em algum elemento obscuro do sonho posso reconhecer o derivado mais direto do pensamento onírico principal.

Eu só poderia designar esse deslocamento onírico como a "transvaloração dos valores psíquicos". Os fenômenos não terão sido examinados em todos os seus aspectos a menos que eu acrescente que esse deslocamento ou transvaloração é partilhado por diferentes sonhos em graus extremamente variados. Há sonhos que acontecem quase sem deslocamento algum. Estes têm o mesmo tempo, significado e inteligibilidade que encontramos nos sonhos que registraram um desejo. Já em outros sonhos, nem um naco sequer da ideia onírica reteve seu próprio valor psíquico, ou tudo o que era essencial nessas ideias oníricas foi substituído por coisas triviais, embora seja possível encontrar todo tipo de transição entre essas condições. Quanto mais obscuro e intrincado for um sonho, maior será a parcela a ser atribuída ao ímpeto de deslocamento em sua formação.

O exemplo que escolhemos para nossa análise mostra pelo menos um bocado de deslocamento – que o seu conteúdo tem um centro de interesse diferente do das ideias oníricas. No primeiro plano do conteúdo do sonho, a cena principal parece mostrar que uma mulher quer se insinuar para mim com investidas amorosas; no pensamento onírico, o interesse principal repousa no desejo de desfrutar um amor desinteressado, que "não custará nada"; essa ideia está por trás da fala dela sobre os "lindos olhos" e a rebuscada alusão ao "espinafre". Se abolirmos do sonho o deslocamento, chegaremos, via análise, a conclusões bastante acertadas a respeito de dois problemas muito controversos acerca dos sonhos, a saber: o que provoca os sonhos; e qual é a conexão dos sonhos com a nossa vida de vigília. Há sonhos que revelam clara e imediatamente suas ligações com os acontecimentos do dia; em outros, não se encontra nenhum vestígio dessa conexão. Com a ajuda da análise, pode-se demonstrar que cada sonho, sem qualquer exceção, está ligado a nossas impressões do dia, ou talvez seja mais correto dizer do dia anterior ao sonho. As impressões que fazem as vezes de instigadores dos sonhos podem ser tão importantes que não nos surpreendemos por nos ocuparmos delas enquanto estamos acordados; neste caso, estamos certos ao dizer que os sonhos dão continuidade aos interesses mais relevantes da nossa vida de vigília. O mais comum, porém, quando os sonhos contêm algo relacionado às impressões do dia, é tratar-se de algo tão trivial, irrelevante e digno de esquecimento que somente à custa de muito esforço conseguimos recordá-lo. Por conseguinte, o conteúdo dos sonhos, mesmo quando coerente e inteligível, parece dizer respeito às ninharias de pensamento, banalidades tão insignificantes que não merecem o nosso interesse quando estamos acordados. A depreciação dos sonhos se deve em grande medida à predominância em seu conteúdo de trivialidades irrelevantes e imprestáveis.

A análise destrói a aparência na qual se baseia esse julgamento depreciativo. Quando o conteúdo onírico não revela nada além de alguma impressão insignificante como fator instigador dos sonhos, a análise sempre indica algum evento significativo, o qual foi substituído por algo insignificante com que se estabeleceu abundantes vínculos. Quando os sonhos se ocupam de concepções desinteressantes e desimportantes, a análise revela os numerosos caminhos associativos que conectam o trivial ao crucial na avaliação psíquica do indivíduo sonhador. Se o que é insignificante obtém reconhecimento no conteúdo onírico em vez das impressões que são de fato o estímulo, ou no lugar das coisas de efetivo interesse, isso é apenas a ação de deslocamento. Ao responder às questões sobre o que incita os sonhos e quais os vínculos deles com os problemas cotidianos, devemos concluir, em termos do discernimento que nos foi dado pela substituição do conteúdo manifesto dos sonhos pelo conteúdo latente: os sonhos nunca se ocupam de coisas que não merecem nossa preocupação durante o dia; e as trivialidades que não nos incomodam não têm o poder de nos acossar enquanto dormimos.

No exemplo que selecionamos para análise, o que instigou o sonho? Foi o acontecimento realmente sem importância de um amigo que me convidou para aproveitar uma corrida gratuita no táxi dele. A cena do *table d'hôte* no sonho contém uma alusão a esse motivo insignificante, pois na conversa estabeleci uma comparação entre o táxi e o *table d'hôte*. Mas posso indicar o acontecimento importante que tem como substituto o episódio trivial. Poucos dias antes, eu havia desembolsado uma grande quantia em dinheiro para um familiar que me é muito querido. Não é de admirar, diz o pensamento onírico, que se essa pessoa é grata a mim por esse gesto, esse amor não é gratuito. Mas o amor que não custará nada é um dos pensamentos principais do sonho. O fato de, pouco antes disso, eu ter feito várias corridas de táxi com o parente possibilitou que a carona que peguei com meu amigo me levasse a recordar a ligação com a outra pessoa. A impressão insignificante que, por meio dessas ramificações, provoca o sonho é subordinada a uma outra condição que não é válida para a verdadeira fonte do sonho – a impressão deve ser recente, tudo proveniente do dia do sonho.

Não posso abandonar a questão do deslocamento onírico sem levar em consideração um processo notável na formação dos sonhos, no qual a condensação e o deslocamento trabalham em conjunto em direção a um fim. Na condensação, já examinamos o caso em que duas concepções oníricas que têm algo em comum, algum ponto de contato, são substituídas no conteúdo do sonho por uma imagem mista, em que o germe distinto corresponde ao que elas têm em comum, e as modificações secundárias indistintas correspondem aos aspectos em que diferem entre si. Quando à condensação se acrescenta o deslocamento, não haverá a formação de uma imagem mista, mas, sim, de um meio comum que manterá a mesma relação com os elementos individuais que a resultante no paralelogramo de forças com seus componentes. Em um dos meus sonhos, por exemplo, fala-se em uma injeção de propil. À primeira análise, descobri um incidente insignificante, mas verdadeiro, em que a amila desempenhou um papel como a instigadora do sonho. Ainda não posso justificar a troca de amila por propil. Ao conjunto de ideias do mesmo sonho, porém, pertence a lembrança da minha primeira visita a Munique, quando fiquei impressionado com o Propileu, a porta monumental no alto da Acrópole. As circunstâncias concomitantes da análise tornam admissível que a influência desse segundo grupo de concepções tenha causado o deslocamento de amila para propil. O propil é, por assim dizer, a ideia média entre amila e o Propileu; entrou no sonho como uma espécie de "acordo" por meio de condensação e deslocamento simultâneos. A necessidade de descobrir algum motivo para esse desconcertante trabalho do sonho é ainda mais necessária no caso do deslocamento do que no da condensação.

Embora o trabalho de deslocamento deva ser considerado o principal responsável por não sermos capazes de reencontrar ou reconhecer os pensamentos oníricos no conteúdo do sonho (a menos que o motivo das mudanças seja suposto), é outra forma de transformação – mais suave, que será considerada com os pensamentos oníricos – que leva à descoberta de um ato novo, mas facilmente compreendido, de trabalho do sonho. Os primeiros pensamentos oníricos que são desvendados pela análise amiúde surpreendem por sua formulação inusitada. Não parecem ser expressos na forma sóbria que o nosso raciocínio prefere; em vez disso, são expressos simbolicamente por alegorias e metáforas, semelhantes à linguagem figurativa dos poetas. Não é difícil encontrar os motivos para esse grau de restrição na expressão das ideias oníricas. O conteúdo dos sonhos consiste principalmente em cenas visuais; portanto, as ideias oníricas devem, em primeiro lugar, estar preparadas para fazer uso dessas formas pictóricas de representação. Imaginemos que o discurso de um líder político ou de um advogado teve de ser transposto para a pantomima, e será fácil compreender as transformações pelas quais o trabalho do sonho fica limitado por conta das relações com essa "dramatização do conteúdo do sonho".

Em torno do material psíquico dos pensamentos oníricos, sempre encontramos reminiscências de impressões marcantes, não raro da primeira infância – cenas que, em regra, foram assimiladas visualmente. Sempre que possível, essa parte das ideias oníricas exerce uma influência decisiva sobre a modelagem do conteúdo do sonho; funciona como um núcleo de cristalização, atraindo e reorganizando o material dos pensamentos oníricos. Não raro, a cena dos sonhos nada mais é do que uma repetição modificada, piorada por interpolações de acontecimentos que deixaram a impressão marcante; os sonhos apenas muito raramente recriam reproduções precisas e não misturadas de cenas reais.

O conteúdo dos sonhos, entretanto, não consiste exclusivamente em cenas, mas também inclui fragmentos dispersos e desconexos de imagens visuais, de conversas e até mesmo de pensamentos inalterados. Será, talvez, pertinente exemplificarmos, de forma sucinta, os meios de dramatização que estão à disposição do trabalho do sonho para a repetição dos pensamentos oníricos na linguagem peculiar dos sonhos.

Os pensamentos oníricos que averiguamos na análise apresentam-se como um complexo psíquico cuja superestrutura é das mais intrincadas. Suas partes mantêm uma relação muito diversa entre si, formam panos de fundo e primeiros planos, estipulações, digressões, ilustrações, demonstrações e protestos. Pode-se dizer que é quase uma regra que uma cadeia de pensamentos seja seguida por outra, que a contradiz. Não está ausente nenhuma característica conhecida por nossa razão enquanto estamos acordados. Para que de tudo isso surja um sonho, o material psíquico é submetido a uma pressão que a condensa em grau extremo; a um encolhimento e a um deslocamento interno que criam ao mesmo tempo novas superfícies; a um entrelaçamento seletivo entre os constituintes mais bem adaptados para a construção dessas cenas. Tendo em conta a origem desse material, há razões para aplicar o termo "regressão" ao processo. Os encadeamentos lógicos, que até então mantinham unida a matéria psíquica, perdem-se nessa transformação para o conteúdo dos sonhos. O trabalho do sonho assume, por assim dizer, apenas o conteúdo essencial dos pensamentos oníricos para sua elaboração. Resta ao trabalho de análise restaurar a conexão que o trabalho do sonho destruiu.

Os meios de expressão dos sonhos devem, portanto, ser considerados escassos em comparação com os da nossa imaginação, embora os sonhos não renunciem a todas as reivindicações de restituição da relação lógica com os pensamentos oníricos. Em vez disso, conseguem, com uma frequência tolerável, substituí-los por características formais próprias.

Devido à indubitável ligação que existe entre todas as partes dos pensamentos oníricos, os sonhos são capazes de incorporar esse material em uma única cena. Eles mantêm uma conexão lógica como aproximação no tempo e no espaço, tal qual o pintor que, para compor seu quadro do Parnaso, agrupa todos os poetas que, embora nunca tenham estado todos juntos no pico de uma montanha, ainda assim formam em termos ideais uma comunidade. Os sonhos dão continuidade a esse método de apresentação em sonhos individuais e, muitas vezes, quando apresentam dois elementos próximos no conteúdo onírico, asseguram alguma conexão interna especial entre o que ambos representam nos pensamentos oníricos. Deve-se, além disso, observar que, na análise, todos os sonhos produzidos em uma mesma noite dão provas de que se originam da mesma esfera de pensamento.

A conexão causal entre duas ideias é ou deixada sem apresentação, ou substituída por duas longas porções diferentes de sonhos, uma após a outra. Essa apresentação é amiúde invertida, sendo o início do sonho a dedução e o seu fim, a hipótese. Nos sonhos, a transformação direta de uma coisa em outra parece servir à relação de *causa e efeito*. Os sonhos nunca expressam a alternativa "ou um, ou outro", "ou isto, ou aquilo", mas aceitam que ambas as opções têm direitos iguais na mesma conexão. Quando a fórmula "ou-ou" é utilizada na reprodução de sonhos, deve ser substituída, como já mencionei, por "e".

As concepções que se opõem umas às outras são preferencialmente expressas nos sonhos pelo mesmo elemento.[II] Nos sonhos,

---

II É digno de nota que eminentes filólogos afirmem que as línguas mais antigas usavam a mesma palavra para expressar antíteses bastante gerais. No ensaio "Ueber den Gegensinn der Urworter", de C. Abel (1884), citam-se os seguintes exemplos desse tipo de palavras de língua inglesa: *gleam-gloom* [brilho-escuridão]; *to lock-loch* [trancar-lago], *down-The Downs* [para baixo-ancoradouro]; *to step-to stop* [pisar-parar]. Em seu ensaio sobre a origem da linguagem (*The Origin of Language, Linguistic Essays*, p. 240), Abel afirma: "Quando o inglês diz 'sem' *[without]*, seu julgamento não é baseado na justaposição comparativa de dois opostos, *with* ('com') e *out* ('fora'); originalmente, *with* significava *without* ('sem'), como ainda se pode ver no vocábulo *withdraw* ['retirar', 'sacar']. *Bid* inclui o sentido oposto de 'pedir' e 'dar'" (Abel Carl. "The English Verbs of Command", *Linguistic Essays*, p. 104; ver também Freud, *"Über den Gegensinn der Urworte"; Jahrbuch für Psychoanalytische und Psychopathologische Forschungen,* Parte I, p. 179). (Nota do tradutor da edição em língua inglesa.)

parece não haver "não". A oposição entre duas ideias, a relação de conversão, é representada neles de uma forma das mais extraordinárias, expressa pela inversão de outra parte do conteúdo do sonho, como se fosse um apêndice. Mais adiante trataremos de outra forma de expressar desacordo. A sensação de "movimento tolhido", muito comum nos sonhos, serve ao propósito de representar divergência de impulsos – um "conflito de vontades".

Apenas uma das relações lógicas – a de similaridade, identidade, acordo, consonância – encontra-se em alto grau de desenvolvimento no mecanismo de formação dos sonhos. O trabalho do sonho utiliza esses casos como ponto de partida para a condensação, reunindo tudo o que mostra essa concordância em uma nova unidade.

Decerto, essas observações curtas e grosseiras não são suficientes como uma estimativa da abundância dos meios formais do sonho para apresentar as relações lógicas dos pensamentos oníricos. Nesse aspecto, os sonhos individuais serão elaborados de maneira mais adequada ou mais descuidada, nosso texto terá sido seguido com maior ou menor exatidão; expedientes auxiliares do trabalho do sonho terão sido levados mais ou menos em consideração. Neste último caso, parecem obscuros, intrincados, incoerentes. Quando os sonhos parecem escancaradamente absurdos, quando contêm em seu conteúdo um óbvio paradoxo, é proposital. Seu aparente desrespeito por todas as afirmações lógicas expressa uma parte do conteúdo intelectual das ideias oníricas. O absurdo nos sonhos denota desacordo, desprezo, desdém nos pensamentos oníricos. Como essa explicação está em total desacordo com a visão de que os sonhos devem sua origem à atividade cerebral dissociada e acrítica, enfatizarei meu ponto de vista por meio de um exemplo:

1. "Um de meus conhecidos, o sr. M., foi atacado em um ensaio da autoria de ninguém menos que Goethe, com um injustificável grau de violência, de acordo com a opinião geral. Naturalmente, o sr. M. ficou devastado por conta do virulento ataque. Ele se queixa disso muito amargamente durante um jantar, mas essa experiência pessoal não faz diminuir sua respeitosa admiração por Goethe. Agora tento esclarecer os dados cronológicos, que me parecem improváveis. Goethe morreu em 1832. Como seu ataque ao sr. M deve, decerto, ter ocorrido antes, o sr. M. devia ser, então, um homem ainda na flor da idade. Parece-me plausível que ele tivesse dezoito anos. Não tenho certeza, no entanto, de em que ano de fato estamos, de modo que todo o meu cálculo cai na obscuridade... Ademais, o ataque estava incluído no conhecido ensaio de Goethe sobre a 'Natureza'."

O absurdo do sonho torna-se ainda mais flagrante quando afirmo que o sr. M. é um jovem homem de negócios sem quaisquer interesses poéticos ou literários. Minha análise desse sonho mostrará o grau de método que existe nessa loucura. O sonho extraiu seu material de três fontes:

1. O sr. M., a quem fui apresentado em um jantar, implorou-me um dia que examinasse seu irmão mais velho, que vinha dando sinais de desarranjo mental. Em conversa

com o paciente, ocorreu um episódio constrangedor. Sem motivo aparente, ele revelou algumas das aventuras juvenis de seu irmão. Perguntei ao paciente o ano de seu nascimento (no sonho, o ano da morte) e o levei a fazer vários cálculos que pudessem revelar a debilidade de sua memória.

2. Um periódico médico que estampava na capa meu nome, entre os de outros colaboradores, publicou uma resenha devastadora de um livro de F., um amigo meu de Berlim, escrita por um crítico muito jovem e imaturo. Entrei em contato com o editor, que, de fato, expressou o seu pesar pelo ocorrido, mas não prometeu qualquer reparação. Por causa disso, rompi minhas ligações profissionais com a revista; em minha carta de desligamento, expressei a esperança de que as nossas relações pessoais não fossem prejudicadas por essa situação. Aqui está a verdadeira fonte do sonho. A recepção depreciativa do trabalho do meu amigo causou-me profunda impressão. A meu juízo, continha uma descoberta biológica fundamental que somente agora, passados vários anos, começa a cair nas graças dos doutos professores e especialistas.

3. Pouco antes, uma paciente me deu o histórico médico de seu irmão, que, aos berros de "Natureza! Natureza!", tinha perdido o juízo. Os médicos consideraram que suas delirantes exclamações resultavam da leitura do belo ensaio de Goethe e indicaram que o paciente vinha trabalhando demais, com excessivo empenho nos estudos. Expressei a opinião de que me parecia mais plausível

que a exclamação "Natureza!" deveria ser entendida naquele sentido sexual conhecido também pelos menos instruídos em nosso país. Pareceu-me que essa ideia fazia sentido, porque mais tarde o infeliz jovem acabou por mutilar seus órgãos genitais. O paciente tinha 18 anos quando o surto ocorreu.

A primeira pessoa nos pensamentos do sonho por trás do ego era meu amigo que havia sido tratado de forma tão escandalosa. "Agora tento esclarecer os dados cronológicos." O livro do meu amigo trata das relações cronológicas da vida e, entre outras coisas, correlaciona a duração da vida de Goethe com um número de dias que é, em muitos aspectos, importante para a biologia. O ego é, contudo, representado como um paralítico geral ("Não tenho certeza, no entanto, de em que ano de fato estamos"). O sonho mostra meu amigo comportando-se como um paralítico total e, portanto, descamba para um amontoado de absurdos. Mas os pensamentos oníricos chegam com ironia: "Claro que ele é louco, um parvo, e vocês são os gênios que entendem de tudo. Mas não deveria ser o contrário?". Essa inversão ocorreu obviamente no sonho em que Goethe atacou o jovem, o que é absurdo, embora qualquer pessoa, por mais jovem que seja, possa hoje em dia facilmente atacar o grande Goethe.

Estou preparado para afirmar que nenhum sonho é inspirado por quaisquer outras emoções que não sejam egoístas. Nesse sonho, o ego não representa, de fato, apenas meu amigo, mas representa também a mim mesmo. Identifico-me com ele porque o destino da sua descoberta me parece típico da aceitação da minha própria descoberta. Se eu publicasse a minha própria teoria, que enfatiza a predominância do papel da sexualidade na etiologia dos distúrbios psiconeuróticos (ver a alusão ao paciente de 18 anos – "Natureza! Natureza!"), a mesma crítica seria dirigida a mim, e inclusive agora eu enfrentaria igual desprezo.

Quando acompanho de perto os pensamentos oníricos, encontro apenas o escárnio e o desprezo como correlatos do absurdo dos sonhos. É bem sabido que a descoberta de um crânio de ovelha rachado no Lido, em Veneza, deu a Goethe a pista para a chamada "teoria vertebral do crânio". Meu amigo se vangloria por ter, em seus tempos de estudante, criado um rebuliço pela demissão de um professor idoso que havia feito um bom trabalho (incluindo pesquisas nessa mesma disciplina de anatomia comparada), mas que, devido à "decrepitude", tornou-se incapaz de lecionar. A agitação que o meu amigo causou teve êxito porque nas universidades alemãs não há limite de idade para o trabalho acadêmico. "A idade não é proteção contra a insensatez".

No hospital daqui, durante anos tive a honra de servir sob as ordens de um chefe que, havia muito fossilizado, por décadas a fio mostrou ser um notório imbecil e, ainda assim, tinha autorização para continuar atuando em seu cargo de responsabilidade. Uma característica, à semelhança da descoberta no Lido, impõe-se aqui a mim. Foi para se referir a esse homem que alguns jovens colegas do hospital adaptaram um dito popular à época: "Não foi nenhum Goethe que escreveu isto", "Não foi nenhum Schiller que compôs isto" etc.[22]

Ainda não esgotamos a nossa avaliação do trabalho do sonho. Além da condensação, do deslocamento e do arranjo definido da matéria psíquica, devemos atribuir-lhe ainda outra atividade – uma que, com efeito, não é compartilhada por todos os sonhos. Não tratarei exaustivamente dessa parte do trabalho do sonho; apenas salientarei que a maneira mais rápida de chegar a uma concepção dela é presumir, provavelmente de maneira injusta, que ela só atua *a posteriori* – depois que o conteúdo do sonho já foi construído. Seu modo de ação consiste, assim, em coordenar as partes do sonho de tal modo que estas se amalgamem em um todo coerente, em uma composição onírica. O sonho ganha uma espécie de fachada que, de fato, não esconde todo o seu conteúdo. Há uma espécie de explicação preliminar a ser reforçada por interpolações e ligeiras alterações. Essa elaboração do conteúdo do sonho não deve ser muito acentuada; o equívoco dos pensamentos oníricos aos quais dá origem é meramente superficial, e nosso primeiro trabalho na análise de um sonho é nos livrar dessas tentativas iniciais de interpretação.

Os motivos para essa parte do trabalho do sonho são fáceis de avaliar. Essa elaboração final do sonho deve-se a uma *preocupação com a inteligibilidade* – fato que, de imediato, revela a origem de uma ação que se comporta em relação ao efetivo conteúdo onírico, tal como a nossa ação psíquica normal se comporta em relação a alguma percepção apresentada que é do nosso agrado. Assim, o conteúdo dos sonhos fica resguardado sob o pretexto de certas expectativas; em termos perceptivos, é classificado pela pressuposição de que seja inteligível, correndo o risco de ser falsificado, ao passo que, de fato, os equívocos mais extraordinários surgem quando não se consegue correlacionar o sonho com nada que já seja conhecido. Todos estamos conscientes de que somos incapazes de olhar para qualquer série de sinais desconhecidos, ou de ouvir uma conversa com palavras que desconhecemos, sem fazermos, imediatamente, mudanças perpétuas por meio da nossa preocupação com a inteligibilidade, recorrendo a algo com que tenhamos familiaridade.

Podemos chamar de "bem constituídos" os sonhos que resultam de uma elaboração análoga, em todos os aspectos, à ação psíquica da nossa vida de vigília. Em outros sonhos não existe tal ação; não se faz nem sequer uma tentativa de trazer à tona ordem e significado. Consideramos que os sonhos são "maluquices" porque, ao acordarmos, é com esta última parte do trabalho do sonho, a sua elaboração, que nos identificamos. Até agora, porém, no que diz respeito à nossa análise, os sonhos, que se assemelham a uma mistura de fragmentos desconexos, têm tanto valor quanto aquele de superfície lisa e lindamente lustrosa. No primeiro caso, somos poupados, até certo ponto, do trabalho de esquadrinhar a superelaboração do conteúdo onírico.

Ainda assim, seria um erro ver na fachada onírica nada mais que a elaboração equivocada e um tanto arbitrária dos sonhos, realizada no âmbito de nossa vida psíquica. Não é raro que na construção dessa fachada sejam empregados desejos e fantasias, já moldados nos pensamentos oníricos; eles são semelhantes aos da nossa vida de vigília – os "sonhos lúcidos"[23], como são chamados com muita propriedade. Esses desejos e fantasias, que a análise revela em nossos sonhos noturnos, muitas vezes se apresentam como repetições e remodelações das cenas da infância. Assim, a fachada do sonho pode nos mostrar diretamente o seu verdadeiro cerne, distorcido pela mistura com outros materiais.

Além dessas quatro atividades, não há mais nada a se descobrir no trabalho do sonho. Se nos mantivermos bem atentos à definição de que o seu trabalho denota a transferência dos pensamentos oníricos para o conteúdo onírico, seremos obrigados a dizer que o trabalho do sonho não é criativo, não desenvolve fantasias próprias, não julga nem decide nada. Não faz nada além de preparar o material para condensação e deslocamento, e remodelá-lo para a dramatização, à qual deve ser acrescentado o último mecanismo inconstante – a elaboração explicativa.

É verdade que se encontra no conteúdo dos sonhos muita coisa que pode ser entendida como o resultado de outro desempenho de caráter mais intelectual; mas a análise mostra, sempre de forma conclusiva, que essas operações intelectuais já estavam presentes nos pensamentos oníricos e apenas foram incorporadas pelo conteúdo onírico.

O silogismo em um sonho nada mais é do que a repetição de um silogismo nos pensamentos oníricos; parece inofensivo quando é transferido para o sonho sem modificação, mas torna-se absurdo se no trabalho do sonho for transferido para outro material. Um cálculo no conteúdo do sonho significa simplesmente que houve um cálculo nos pensamentos oníricos; embora este seja sempre correto, o cálculo no sonho pode fornecer os resultados mais tresloucados pela condensação de seus fatores e pelo deslocamento das mesmas operações para outras materiais. Até mesmo as falas que se encontram no conteúdo do sonho não são composições novas, são uma mixórdia reunida a partir de outras falas, conversas ouvidas ou palavras lidas; as palavras são copiadas com fidedigna exatidão, mas a ocasião de sua expressão é bastante esquecida e seu significado sofre violentas modificações.

Talvez não seja excessivo corroborar com exemplos essas afirmações:

1. Um sonho bem construído e aparentemente inofensivo de uma paciente

Ela sonhou que foi ao mercado com a cozinheira, que carregava a cesta. Quando pediu alguma coisa ao açougueiro, ele lhe disse: "Isso aí já acabou tudo", e quis lhe dar alguma outra coisa, comentando: "Isto aqui é muito bom". Ela recusou e se dirigiu ao verdureiro, que quis lhe vender uma hortaliça específica, amarrada em maços pretos. Ela disse: "Isso eu não reconheço; não vou aceitar".

O comentário "Isso aí já acabou tudo" surgiu do tratamento. Poucos dias antes, eu mesmo explicara à paciente que as primeiras reminiscências da infância haviam desaparecido – acabaram-se todas –, mas foram substituídas por transferências e sonhos. Portanto, o açougueiro sou eu.

A segunda observação, "Isso eu não reconheço", surgiu em um contexto muito diferente. Na véspera, a paciente havia repreendido, aos berros, a cozinheira (que, aliás, também aparece no sonho): "Comporte-se direito; isso eu não reconheço" – isto é, "Não reconheço esse tipo de comportamento; eu não vou aceitar isso". A parte mais inofensiva dessa fala foi alcançada por meio de um deslocamento do conteúdo do sonho; nos pensamentos oníricos, apenas a outra parte da fala desempenhou um papel, porque o trabalho do sonho transformou uma situação imaginária em algo totalmente irreconhecível e inofensivo (embora, em certo sentido, eu me comporte de maneira indecorosa com essa senhora). A situação que resultou nessa fantasia nada mais é do que uma reedição de algo que realmente ocorreu.

2. Um sonho aparentemente sem sentido diz respeito a números

> *Ela quer pagar alguma coisa; a filha tira da bolsa três florins e 65 kreuzers; mas ela diz: 'O que você está fazendo? Custou apenas 21 kreuzers'."*

A pessoa que teve esse sonho era uma estrangeira que matriculara a filha na escola em Viena e poderia continuar sob meu tratamento enquanto a filha permanecesse na cidade. No dia anterior ao sonho, a diretora da escola lhe recomendou que mantivesse a criança mais um ano na escola. Neste caso, ela teria conseguido prolongar o tratamento comigo por mais um ano. As cifras do sonho tornam-se importantes se tivermos em mente que "tempo é dinheiro". Um ano equivale a 365 dias ou, expresso em valores monetários, 365 *kreuzers*, o que equivale a 3 *florins* e 65 *kreuzers*. Os 21 *kreuzers* correspondem às três semanas que faltavam entre o dia do sonho e o término do período letivo, ou seja, até o fim do tratamento. Obviamente as considerações financeiras levaram a senhora a recusar a proposta da diretora e são responsáveis pelos valores triviais que aparecem no sonho.

3. Uma jovem senhora, já casada há dez anos, soube que uma amiga sua, a senhorita Elise L.,

mais ou menos da da mesma idade, ficou noiva. Isso deu origem ao seguinte sonho:

> *ela está sentada com o marido no teatro; um dos lados da plateia está bastante vazio. Seu marido diz a ela que Elise L. e o noivo pretendiam vir, mas só conseguiram alguns assentos baratos, três por 1 florim e 50 kreuzers, e estes lugares eles não podiam aceitar. Na opinião dela, isso não deveria ter tido tanta importância assim.*

São de nosso interesse aqui a origem dos números que aparecem no material dos pensamentos oníricos e as transformações pelas quais passaram esses valores. De onde veio a quantia de 1 *florim* e 50 *kreuzers*? De uma ocorrência banal do dia anterior. Sua cunhada recebera 150 *florins* de presente do marido e teve pressa para gastar o dinheiro (rapidamente comprou alguns adornos). Observe que 150 *florins* equivalem a cem vezes 1 *florim* e 50 *kreuzers*. Quanto ao número três, referente aos ingressos, a única ligação é que Elise L. é exatamente três meses mais nova que a mulher que sonhou. A cena do sonho é a repetição de uma pequena aventura pela qual é sempre alvo de jocosas provocações do marido. Certa vez, ela teve demasiada pressa para conseguir comprar a tempo ingressos antecipados para determinada peça e, ao chegarem ao teatro, um dos lados da plateia estava praticamente às moscas. Portanto, foi totalmente desnecessário ela ter tido tanta pressa. Também não devemos deixar passar em branco o absurdo do sonho de duas pessoas comprarem três ingressos para uma mesma peça.

Agora, as ideias oníricas. "Foi *uma estupidez* me casar tão cedo; *não havia a necessidade de eu ter tido tanta pressa*. O exemplo de Elise L. me mostra que, se eu tivesse esperado, mais tarde teria conseguido um marido; na verdade, um marido *cem* vezes melhor. Com meu dinheiro (dote), eu poderia ter comprado *três* homens tão bons quanto ele."

CAPÍTULO 3

POR QUE OS SONHOS CAMUFLAM O DESEJO

Na exposição anterior, aprendemos algo sobre o trabalho do sonho. Devemos considerá-lo um processo psíquico muito especial, que, até onde sabemos, não se assemelha a nada mais. Transferiu-se para o trabalho do sonho aquele assombro que seu produto, os sonhos, despertava em nós. Na realidade, o trabalho do sonho é apenas o primeiro reconhecimento de um grupo de processos psíquicos aos quais deve ser atribuída a origem dos sintomas histéricos, as ideias de pavor mórbido, obsessões e delírios. A condensação e, sobretudo, o deslocamento são características indefectíveis nesses outros processos.

Por outro lado, a preocupação com a aparência permanece peculiar ao trabalho do sonho. Se essa explicação alinhar o sonho com a formação da doença psíquica, torna-se ainda mais importante compreender as condições essenciais de processos como a construção do sonho. Será provavelmente uma surpresa saber que nem o estado de sono nem a doença estão entre as condições indispensáveis. Uma série de fenômenos da vida cotidiana dos indivíduos saudáveis, os esquecimentos, os lapsos de linguagem, as falhas ao segurar objetos, juntamente com certa classe de erros, originam-se de um mecanismo psíquico análogo ao dos sonhos e dos outros membros desse grupo.

O deslocamento é o cerne do problema e o mais impressionante de todos os desempenhos oníricos. Uma investigação aprofundada da questão demonstra que a condição essencial do deslocamento é puramente psicológica; é da natureza de uma motivação. Encontramos o caminho debatendo exaustivamente experiências que não podemos evitar na análise dos sonhos. Tive de interromper bruscamente as relações dos meus pensamentos oníricos na análise do meu sonho-exemplo citado anteriormente, porque encontrei algumas experiências que não desejo que pessoas desconhecidas saibam e as quais eu não poderia relatar sem causar graves danos a importantes considerações. Acrescentei que não adiantaria nada se eu escolhesse outro sonho em vez daquele específico analisado; pois, em todo sonho cujo conteúdo é obscuro ou complexo, eu me depararia com pensamentos oníricos a exigir sigilo.

Se, no entanto, continuo a análise por minha própria conta, sem levar em consideração outras pessoas (para quem, com efeito, um acontecimento tão pessoal quanto o meu sonho não pode ter importância), chego, enfim, a ideias que me surpreendem, que eu não sabia serem minhas, que não me parecem somente estranhas, mas também desagradáveis, e às quais eu gostaria de me opor com veemência, ao mesmo tempo que o encadeamento de ideias que perpassa a análise se intromete de maneira inexorável em mim. Posso apenas levar em conta tais circunstâncias admitindo que esses pensamentos fazem realmente parte da minha vida psíquica e são dotados de certa intensidade ou energia psíquica. Contudo, em virtude de uma condição psicológica peculiar, os pensamentos não puderam tornar-se conscientes para mim. Chamo essa condição específica de "repressão" ou "recalque". Portanto, para mim é impossível não reconhecer alguma relação casual entre a obscuridade do conteúdo do sonho e esse estado de repressão – essa incapacidade de consciência. Daí concluo que a causa da obscuridade é o desejo de dissimular esses pensamentos. Assim, chego ao conceito da "distorção onírica" como a ação do trabalho do sonho e do deslocamento, que serve para disfarçar esse objeto.

Testarei isso em meu próprio sonho, que selecionei para análise, e indagarei: qual é o pensamento que, bastante inócuo em sua forma distorcida, provoca minha mais viva oposição em sua forma real? Lembro-me de que a corrida gratuita de táxi me trouxe à memória uma recente e dispendiosa viagem que fiz com um parente, a interpretação do sonho sendo que eu gostaria de um dia sentir alguma afeição pela qual não tivesse que pagar nada, e que, pouco antes desse sonho, tive de desembolsar para essa mesma pessoa uma polpuda soma em dinheiro. Nesse contexto, não posso deixar de pensar que me arrependo de ter desembolsado o dinheiro. Somente quando reconheço esse sentimento é que há algum sentido em meu desejo, no sonho, de uma afeição que não acarretasse nenhum gasto. E, no entanto, posso afirmar, por minha honra, que não hesitei um só momento quando foi necessário desembolsar aquela quantia. O arrependimento, a contracorrente, era inconsciente para mim. *Por que* não se tornou consciente é outra questão, que nos afastaria da resposta que, embora seja do meu conhecimento, pertence a outro lugar.

Se eu submeter à análise o sonho de outra pessoa, em vez do meu, o resultado será o mesmo; os motivos para convencer os outros, no entanto, mudam. No sonho de uma pessoa saudável, a única maneira de capacitá-la a aceitar essa ideia reprimida é a coerência dos pensamentos oníricos. Ela tem a liberdade de rejeitar essa explicação; mas, se estivermos lidando com uma pessoa que sofre de alguma neurose – de histeria, digamos –, o reconhecimento dessas ideias reprimidas é obrigatório devido à ligação delas com os sintomas da doença da pessoa e com a melhoria resultante da troca dos sintomas pelas ideias reprimidas. Tomemos como exemplo o paciente de quem mencionei o sonho sobre os três ingressos de teatro por um *florim* e cinquenta *kreuzers*. A análise mostra que ela não tem o marido em alta conta, que se arrepende de ter se casado com ele e que ficaria feliz em trocá-lo por outra pessoa. É verdade que ela afirma que ama o marido, que a sua vida emocional nada sabe sobre essa depreciação (sua ideia de que poderia ter arranjado outro homem *cem vezes melhor!*), mas todos os sintomas dela levam à mesma conclusão do sonho. Quando as suas lembranças recalcadas voltaram a se avivar em um certo período em que ela teve consciência de que não amava o marido, seus sintomas se dissiparam e, com isso, desapareceu sua resistência à interpretação do sonho.

Uma vez definido o conceito de repressão ou recalque, juntamente com a distorção onírica em relação ao material psíquico sufocado, estamos em condições de apresentar uma exposição geral dos principais resultados que a análise dos sonhos fornece. Aprendemos que os sonhos mais inteligíveis e providos de sentido são os desejos irrealizados; os desejos que nos sonhos figuram como realizados são conhecidos pela consciência, coisas que ficaram pendentes da vida diurna e são dignas de interesse absorvente. A análise de sonhos obscuros e intrincados revela algo muito semelhante: também aí a cena do sonho representa como realizado algum desejo invariavelmente oriundo dos pensamentos oníricos, mas a imagem é irreconhecível e somente é esclarecida via análise. O desejo em si é reprimido, estranho à consciência, ou está intimamente ligado a pensamentos recalcados. A fórmula para esses sonhos pode ser definida da seguinte forma: são realizações disfarçadas de desejos reprimidos. É interessante notar que estão certos os indivíduos que consideram os sonhos previsões do futuro. Embora o futuro mostrado pelo sonho não seja aquele que *ocorrerá*, mas aquele *que gostaríamos que ocorresse*. Nesse ponto, a psicologia popular procede em conformidade com seu costume: acredita naquilo em que deseja acreditar.

Os sonhos podem ser enquadrados em três classes, de acordo com sua relação com a realização do desejo. No primeiro grupo, vêm aqueles que exibem um desejo não reprimido e indisfarçado; são os sonhos de tipo infantil, cada vez mais raros entre os adultos. Em segundo lugar, os sonhos que expressam de forma velada algum desejo reprimido; estes constituem, de longe, o maior número dos nossos sonhos e requerem análise para serem compreendidos. Na terceira e última classe, estão os sonhos em que existe repressão, mas sem ocultação ou com uma ligeira dose de disfarce. São invariavelmente acompanhados por um sentimento de pavor que interrompe e encerra o sonho. Nesse caso, esse sentimento de angústia substitui o deslocamento do sonho; a meu juízo é o trabalho do sonho que impede a angústia nos sonhos do segundo tipo. Não é muito difícil provar que o que atualmente está presente como pavor intenso nos sonhos já foi outrora desejo e agora é secundário em relação à repressão.

Existem também sonhos claros e bem-definidos, com conteúdo doloroso, sem a presença de qualquer ansiedade ou angústia. Não podem ser considerados sonhos de pavor; contudo, sempre foram usados para provar a desimportância e a futilidade psíquica dos sonhos. A análise de um exemplo de sonho desse tipo mostrará que pertence à nossa segunda classe de sonhos – uma realização perfeitamente bem disfarçada de desejos reprimidos. Ao mesmo tempo, a análise demonstrará como esse trabalho de deslocamento é adaptado com excelência para dissimular desejos.

Uma jovem sonhou que via diante de si o cadáver do único filho que restara a sua irmã, no mesmo ambiente em que alguns anos antes havia de fato visto o corpo sem vida do primeiro filho da irmã. Ela não sentiu nenhuma dor, mas naturalmente lutou contra a ideia de que a cena representasse um desejo seu. Essa ideia tampouco era necessária. Anos antes, no funeral da primeira criança, ela viu e conversou pela última vez com o homem a quem amava. Se o segundo filho morresse, ela com certeza encontraria o homem novamente na casa da irmã. Ela deseja reencontrá-lo, mas luta contra esse sentimento. No dia do sonho, ela comprou ingresso para uma palestra que anunciava a presença do homem que ela sempre amou. O sonho é simplesmente um sonho de impaciência, que costuma ocorrer com pessoas prestes a viajar, antes de ir ao teatro ou que simplesmente antecipam prazeres futuros. O anseio é encoberto pela mudança da cena para uma ocasião em que qualquer sentimento de alegria estaria fora de lugar, mas quando antes existira de fato. Convém notar, ainda, que o comportamento emocional no sonho é adaptado não às ideias oníricas deslocadas, mas às ideias oníricas reais, embora suprimidas. A cena antecipa o tão esperado e desejado encontro, dessa forma, não há nenhum apelo para emoções dolorosas.

Até agora, não houve razão para os filósofos se envolverem com uma psicologia da repressão. Devemos ser capazes de construir uma concepção clara quanto à origem dos sonhos como os primeiros passos nesse território desconhecido. O esquema que formulamos não apenas a partir do estudo dos sonhos já é, a bem da verdade, um tanto complicado, mas não conseguimos encontrar nenhum mais simples que fosse suficiente. Afirmamos que nosso aparelho psíquico contém dois procedimentos para a construção de pensamentos. O segundo tem a vantagem de que seus produtos encontram um caminho aberto para a consciência, ao passo que a atividade do primeiro procedimento é desconhecida para si mesma e só pode chegar à consciência por meio do segundo. Na fronteira desses dois procedimentos, em que o primeiro transpõe para o segundo, estabelece-se uma censura que só permite a passagem do que lhe agrada, restringindo todo o resto. Aquilo que é censurado está, segundo a nossa definição, em estado de repressão. Sob certas condições, uma das quais é o estado de sono, o equilíbrio de poder entre os dois procedimentos é tão alterado que o que é reprimido não pode mais ser contido. No estado de sono, isso pode ocorrer talvez por negligência do censor; o que até agora foi recalcado conseguirá encontrar uma rota de acesso para a consciência. Porém, como a censura nunca está ausente, mas apenas desprevenida, certas alterações devem ser permitidas de modo a aplacá-la. É um acordo que nesse caso se torna consciente – uma concessão entre o que um procedimento tem em vista e as exigências do outro. A repressão, o afrouxamento da censura, o acordo de conciliação, o meio-termo – esse é o alicerce básico para a origem de muitos outros processos psicológicos, tal como se dá nos sonhos. Nesses acordos de concessão, podemos observar também os processos de condensação, de deslocamento, de aceitação de associações superficiais que encontramos no trabalho do sonho.

Não cabe a nós negar a atuação de um elemento demoníaco na construção de nossa explicação do trabalho do sonho. A impressão que fica é que a formação de sonhos obscuros ocorre como se uma pessoa que dependesse de outra tivesse algo a lhe dizer com a obrigação de soar agradável aos ouvidos desta. É por meio do uso dessa imagem que formulamos para nós mesmos os conceitos de *distorção onírica* e de *censura*, e nos aventuramos a cristalizar a nossa impressão em uma teoria psicológica bastante rudimentar, mas, pelo menos, definida com clareza. Qualquer que seja a explicação que o futuro possa oferecer acerca destes primeiro e segundo procedimentos, esperaremos uma confirmação do nosso correlato de que o segundo controla o acesso à consciência e pode excluir da consciência o primeiro procedimento.

Uma vez terminado o estado de sono, a censura retoma o domínio completo e agora é capaz de revogar o que foi concedido em um momento de fraqueza. Nossa experiência, confirmada incontáveis vezes, nos convenceu de que o esquecimento dos sonhos é que explica isso em parte. Durante o relato de um sonho, ou em sua análise, não é raro que algum fragmento onírico seja subitamente esquecido. Essa fração obliterada contém, invariavelmente, o melhor e mais rápido caminho de acesso para a compreensão do sentido do sonho. Provavelmente, é por isso que cai no esquecimento – isto é, em uma renovada supressão.

Considerando o conteúdo do sonho como a representação de um desejo realizado e atribuindo-se sua imprecisão às mudanças feitas pelo censor no material recalcado, já não há dificuldade para compreender a função dos sonhos. Em contraste fundamental com aqueles que afirmam que o sono é perturbado pelos sonhos, a nosso ver, o sonho é o guardião do sono. No que diz respeito aos sonhos das crianças, nossa hipótese deverá encontrar pronta aceitação.

O estado de sono – ou a mudança psíquica para o sono, qualquer que seja – é provocado pelo fato de a criança receber ordens de ir dormir ou ser compelida a isso pelo cansaço, decisão cujo único auxílio é a remoção de todos os estímulos que possam sugerir outros objetos ao aparelho psíquico. Os meios que servem para manter distantes os estímulos externos são conhecidos; mas quais são os meios que podemos empregar para enfraquecer os estímulos psíquicos internos que frustram o sono? Vejamos o caso de uma mãe que põe o filho para dormir. A criança está cheia de súplicas; quer outro beijo; quer brincar mais um pouco. Suas exigências são parcialmente atendidas, em parte drasticamente adiadas pela mãe para o dia seguinte. É evidente que esses desejos e necessidades, que agitam a criança, são obstáculos para o sono. Todo mundo conhece a encantadora história (de Baldwin Groller)[24] do menino malcriado que acordou à noite aos gritos: "Eu quero o rinoceronte!". Um menino realmente bem-comportado, em vez de gritar, teria *sonhado* que estava a brincar com o rinoceronte. Uma vez que se *acredita* no sonho que realiza o desejo durante o sono, ele cancela o desejo e torna o sono possível. Não se pode negar que essa noção está em consonância com a imagem onírica, porque está revestida da aparência psíquica da probabilidade; a criança não tem a capacidade – que será adquirida mais tarde – de distinguir alucinações ou fantasias da realidade.

O adulto já aprendeu a fazer essa diferenciação; já adquiriu também a futilidade do desejo e, graças à prática contínua, consegue adiar seus desejos e aspirações, até que lhe possam ser concedidos, de algum modo indireto, por uma alteração no mundo externo. Por essa razão, é raro que o indivíduo adulto tenha seus desejos realizados durante o sono pela curta via psíquica. É até possível que isso nunca aconteça, e que tudo o que nos parece um sonho de criança exija uma explicação muito mais elaborada. De sorte que, para os adultos – para cada pessoa sã, sem exceção –, criou-se uma diferenciação da questão psíquica que a criança não conhecia. Chegou-se a um procedimento psíquico que, alicerçado nas experiências de vida que lhe dão consistência, exerce com poder zeloso e possessivo uma influência dominadora e restritiva sobre as emoções psíquicas; por conta de sua relação com a consciência e por sua mobilidade espontânea, essa influência severa é dotada dos mais fortes recursos de poder psíquico. Por serem inúteis para a vida, as emoções infantis foram em parte excluídas desse procedimento, e todos os pensamentos oriundos dessas emoções se encontram em estado de repressão. Embora o procedimento pelo qual reconhecemos o nosso ego normal dependa do desejo de dormir, ele parece compelido pelas condições psicofisiológicas do sono a abandonar parte da energia com que estava habituado durante o dia para manter subjugado o que foi reprimido. Na realidade, esse afrouxamento é inofensivo; por mais que as emoções do espírito da criança possam ser instigadas, seu acesso à consciência é difícil, encontra empecilhos e é bloqueado em consequência do estado de sono. O perigo do sono perturbador deve, contudo, ser evitado.

Além disso, devemos admitir que, mesmo no sono profundo, alguma quantidade de atenção livre é exercida como proteção contra estímulos sensoriais que poderiam, por acaso, fazer um despertar parecer mais aconselhável do que a continuação do sono. Caso contrário, não poderíamos explicar o fato de sempre sermos despertados por estímulos de certa qualidade. Como salientou o velho fisiologista Burdach[25], a mãe desperta quando o filho choraminga; o moleiro, quando cessa seu moinho; e a maioria das pessoas, quando alguém chama suavemente seu nome. Essa atenção em estado de alerta tira proveito dos estímulos internos decorrentes dos desejos reprimidos e os funde no sonho, que, como em um acordo de conciliação, satisfaz simultaneamente aos dois procedimentos. O sonho cria uma forma de liberação psíquica para o desejo que é suprimido – ou formado com a ajuda da repressão –, na medida em que o apresenta como realizado. Também atende ao outro procedimento, pois assegura a continuidade do sono. Aqui, nosso ego se comporta alegremente como uma criança; torna as imagens do sonho críveis, ao declarar, por assim dizer: "Muito bem, você tem razão, mas me deixe continuar dormindo". O desdém que mostramos pelos sonhos quando estamos acordados, e que associamos ao absurdo e à aparente ilogicidade dos sonhos, provavelmente nada mais é do que o raciocínio do nosso ego adormecido sobre os sentimentos relativos ao que foi reprimido; seria mais apropriado atribuir isso à incompetência dos elementos perturbadores do nosso sono. Durante o sono, de vez em quando temos consciência desse desdém; quando o conteúdo do sonho transcende em excesso a censura, pensamos: "É apenas um sonho" e continuamos a dormir.

Não é uma objeção a essa concepção existirem limites para o sonho em que sua função – impedir a interrupção do sono – não possa mais ser mantida; é o caso dos sonhos de pavor iminente. Aqui há uma alteração para outra função – suspender o sono no momento adequado. Age como um vigia noturno dos mais conscienciosos e responsáveis, que primeiro cumpre o seu dever de reprimir os distúrbios para não acordar o indivíduo, mas também cumpre muito bem o seu dever quando desperta a rua caso as causas da perturbação lhe pareçam graves e ele próprio se julgue incapaz de enfrentá-las sozinho.

Essa função dos sonhos torna-se especialmente bem evidente quando surge algum incentivo para a percepção sensorial. Que os sentidos despertados durante o sono influenciam o sonho é fato bem conhecido e pode ser verificado via experimentos; é um dos resultados líquidos e certos, mas muito superestimados, da investigação médica dos sonhos. Até agora, estamos às voltas com um enigma insolúvel relacionado a essa descoberta. O estímulo aos sentidos que o investigador utiliza para afetar a pessoa adormecida não é devidamente reconhecido no sonho, mas entremescla-se a uma série de possíveis interpretações indefinidas, cuja determinação parece ser deixada ao livre-arbítrio psíquico. É claro que não existe esse livre-arbítrio psíquico. A um estímulo sensorial externo, a pessoa adormecida pode reagir de várias maneiras. Ou desperta, ou consegue continuar dormindo a despeito do estímulo. Neste último caso, ela pode fazer uso do sonho para descartar o estímulo externo, e isso, repete-se, de mais de uma maneira. Por exemplo, ela pode deter o estímulo sonhando com uma situação ou cena que lhe é absolutamente intolerável. Foi esse o meio utilizado por alguém que sofria de um doloroso abscesso no períneo. Sonhou que montava a cavalo e usou como sela o cataplasma, com o qual pretendia aliviar suas dores e, assim, escapou da causa do problema. Ou, como ocorre com mais frequência, o estímulo externo recebe uma nova interpretação, o que leva a pessoa a associá-lo a um desejo reprimido que procura a sua realização e a despojá-lo de sua realidade, tratando-o como se fosse uma parte do material psíquico. Assim, alguém sonhou que havia escrito uma comédia que incorporava um tema definido; a peça estava sendo encenada; o primeiro ato terminou sob aplausos entusiásticos, uma ruidosa salva de palmas. Nesse momento, o sonhador deve ter conseguido prolongar o sono apesar da perturbação, pois ao acordar não ouviu mais o barulho; o sonhador concluiu, corretamente, que alguém devia estar sacudindo um tapete ou batendo um colchão. Os sonhos que surgem com um barulho alto logo antes do despertar tentam, todos, encobrir o estímulo ao despertar com alguma outra explicação e, dessa forma, prolongar o sono por um pouco mais de tempo.

Quem aceita com convicção essa censura como o principal motivo para a distorção onírica não ficará surpreso ao saber que, como resultado da interpretação dos sonhos, a análise atribui a maioria dos sonhos dos adultos a desejos eróticos. Essa afirmação não é extraída de sonhos de óbvia natureza sexual, que são conhecidos por todos os sonhadores por experiência própria e em geral são os únicos descritos como "sonhos sexuais". Esses sonhos sempre têm uma dose suficiente de mistério, devido à escolha das pessoas que são transformadas em objetos sexuais, à eliminação de todas as barreiras restritivas que impedem as necessidades sexuais do sonhador em seu estado de vigília, aos muitos lembretes estranhos sobre os detalhes daquilo que se chamam de "perversões". Entretanto, a análise constata que, em muitos outros sonhos em cujo conteúdo manifesto nada se encontra de erótico, o trabalho de interpretação os mostra, na realidade, como a realização de desejos sexuais; por outro lado, grande parte dos pensamentos produzidos quando estamos acordados – os pensamentos que foram guardados como mero excedente do dia – chega à apresentação nos sonhos com a ajuda de desejos eróticos reprimidos.

No que diz respeito à explicação dessa afirmação, que não é um postulado teórico, devemos nos lembrar de que nenhuma outra classe de instintos exigiu uma supressão tão vasta a mando da civilização quanto as pulsões sexuais, embora o seu domínio pelos processos psíquicos mais elevados seja, na maioria das pessoas, o que mais rapidamente é abandonado. Desde que travamos conhecimento de formas de compreensão da sexualidade infantil, muitas vezes tão vaga em sua expressão, tão invariavelmente negligenciada e mal-interpretada, temos razão em dizer que quase todas as pessoas civilizadas mantiveram, em algum aspecto ou outro, o tipo infantil de vida sexual; assim, entendemos que os desejos sexuais infantis reprimidos fornecem os impulsos mais frequentes e mais potentes para a formação dos sonhos.¹ Se os sonhos, que são a expressão de algum desejo erótico, conseguem fazer com que seu conteúdo manifesto pareça inocentemente assexual, isso só é possível de uma maneira. O material dessas apresentações sexuais não pode ser exibido como tal, mas deve ser substituído por alusões, sugestões e meios indiretos semelhantes; diferentemente de outros casos de apresentação indireta, os utilizados nos sonhos devem ser desprovidos de compreensão direta. Os meios de apresentação que atendem a esses requisitos são comumente chamados de "símbolos". Tais símbolos têm recebido interesse especial, uma vez que se observou que os sonhadores falantes de uma mesma língua utilizam símbolos semelhantes – com efeito, em certos casos a comunidade de símbolos é maior que o âmbito da comunidade de mesma fala. Como os próprios sonhadores não conhecem o significado dos símbolos que utilizam, segue sendo um enigma a origem da sua relação com o que eles substituem e denotam. O fato em si é indubitável e se torna importante para a técnica de interpretação dos sonhos, pois, com o auxílio do conhecimento desse simbolismo onírico, é possível compreender o significado dos elementos de um sonho, de fragmentos dele e até, vez por outra, de sonhos inteiros, sem a necessidade de questionar o sonhador quanto às suas próprias ideias. Assim, nos aproximamos da noção popular de

---

I FREUD, Sigmund. "Three contributions to sexual theory" (Três contribuições para a teoria sexual). Tradução de A. A. Brill. *In*: *Journal of Nervous and Mental Disease*, 1905, Nova York.

uma interpretação dos sonhos e, por outro lado, aplicamos novamente a técnica dos antigos, entre os quais a interpretação dos sonhos era idêntica à sua explicação por meio de símbolos.

Embora o estudo do simbolismo onírico esteja muito longe de ser completo e definitivo, agora dispomos de uma série de afirmações gerais e de observações específicas que são bastantes acertadas. Existem símbolos que têm praticamente sempre o mesmo significado universal: imperador e imperatriz (rei e rainha) significam sempre pai e mãe; um aposento representa uma mulher[II]; e assim por diante. Os sexos são representados por uma grande variedade de símbolos, muitos dos quais seriam à primeira vista bastante incompreensíveis, se as pistas sobre seu significado não tivessem sido frequentemente obtidas por meio de *outros canais*. Existem símbolos de circulação universal, encontrados em todos os sonhadores, de uma mesma gama linguística e cultural; há outros de significado individual mais restrito, que uma pessoa constrói a partir de seu próprio material. Na primeira classe de símbolos, podem ser diferenciados aqueles cuja reivindicação é imediatamente reconhecida pela substituição de coisas sexuais na linguagem comum (aqueles, por exemplo, decorrentes da agricultura, como reprodução, sementes) de outros cujas referências sexuais parecem remontar aos primeiros tempos e até as profundezas mais obscuras da nossa construção de imagem. O poder de construir símbolos nessas duas formas

---

II O trecho iniciado com "e" que termina em "canais", na sentença seguinte, é um pequeno resumo da passagem no original. Como este livro será lido por leigos, o trecho foi traduzido em respeito ao leitor de língua inglesa. (Nota do tradutor da edição em língua inglesa.)

especiais de símbolos não desapareceu. Coisas recém-inventadas, a exemplo do dirigível, logo começam a ser utilizadas universalmente como símbolos sexuais.

Seria um grande equívoco supor que um conhecimento mais profundo do simbolismo onírico (a "linguagem dos sonhos") nos eximiria de perguntar ao indivíduo sonhador a respeito de suas impressões sobre o sonho e nos devolveria toda a técnica dos ancestrais intérpretes de sonhos. Além dos símbolos individuais e das variações no uso do que é geral, nunca se sabe se um elemento do sonho deve ser compreendido simbolicamente ou em seu significado próprio; com certeza, *nem todo* o conteúdo do sonho deve ser interpretado em termos simbólicos. O conhecimento dos símbolos oníricos apenas nos ajudará a compreender partes do conteúdo do sonho e não tornará supérfluo o uso das regras técnicas previamente definidas. Mas estas devem ser de grande utilidade na interpretação dos sonhos, precisamente quando as impressões do sonhador são restritas, insuficientes ou ausentes. O simbolismo onírico também se mostra indispensável para a compreensão dos sonhos "típicos" e dos sonhos "recorrentes". O simbolismo onírico nos leva muito além dos sonhos; não pertence apenas ao campo deles, mas é igualmente dominante nas lendas, nos mitos e nas sagas, na inteligência e no folclore. O simbolismo onírico nos obriga a buscar o significado interno dos sonhos nessas produções. No entanto, devemos reconhecer que o simbolismo não é um resultado do trabalho do sonho, mas é provavelmente uma peculiaridade do nosso pensamento inconsciente, que fornece ao trabalho do sonho o material para a condensação, o deslocamento e a dramatização.

CAPÍTULO 4

ANÁLISE DOS SONHOS

Talvez agora comecemos a suspeitar que a interpretação dos sonhos é capaz de nos dar pistas sobre a estrutura do nosso aparelho psíquico, conclusões que, até o momento, em vão tempos esperado que a filosofia nos propicie. Contudo, não seguiremos esse caminho, mas retornaremos ao nosso problema original tão logo tivermos elucidado a questão da distorção ou desfiguração dos sonhos. Veio à baila a questão de que maneira os sonhos com conteúdo desagradável ou aflitivo podem ser analisados como a realização de desejos. Vemos agora que isso é possível caso tenha ocorrido a distorção ou desfiguração do sonho, quando o conteúdo desagradável serve apenas como um disfarce para o que é desejado. Tendo em mente as nossas suposições em relação às duas instâncias psíquicas, podemos seguir adiante e afirmar: na verdade, os sonhos desagradáveis contêm algo que é desagradável para a segunda instância, mas simultaneamente realiza um desejo da primeira. São sonhos de desejos (ou desejos oníricos), no sentido de que todo sonho se origina na primeira instância, ao passo que a segunda é defensiva, atua em relação aos sonhos apenas para repelir, mas não de maneira criativa. Se nos limitarmos a uma reflexão sobre qual é a contribuição da segunda instância para o sonho, jamais poderemos chegar a uma compreensão dos sonhos. Se fizermos isso, todos os enigmas que os autores encontraram nos sonhos permanecerão sem solução.

A hipótese de que os sonhos têm realmente um significado secreto, de que, ao fim e ao cabo, são a realização de um desejo, deve ser provada, em cada caso específico, por meio de uma análise. Assim, selecionarei alguns sonhos de conteúdo aflitivo e doloroso e tentarei analisá-los. São, em parte, sonhos de pacientes histéricos, que exigem longas declarações preliminares e, vez por outra, também um exame dos processos psíquicos que ocorrem na histeria. Não posso, contudo, escapar dessa dificuldade adicional na exposição.

Como eu já disse, quando submeto a tratamento analítico um paciente psiconeurótico, seus sonhos são sempre um dos temas das nossas conversas. O tratamento deve, portanto, dar a ele todas as explicações psicológicas, por meio das quais eu próprio chego à compreensão dos seus sintomas, e aqui estou sujeito a críticas implacáveis, que talvez não sejam menos incisivas do que a que devo esperar dos meus colegas de profissão. Com perfeita regularidade, meus pacientes contradizem a minha tese de que todos os sonhos são realizações de desejos. Cito a seguir alguns exemplos do material onírico apresentados a mim como provas em contrário para refutar esse posicionamento.

"O senhor sempre me diz que o sonho é um desejo realizado", começa a declarar uma de minhas pacientes, uma jovem muito inteligente, "pois agora eu vou lhe contar um sonho cujo conteúdo é exatamente o oposto, um sonho em que um desejo meu *não* é realizado. Como o senhor concilia isso com a sua teoria? O sonho é o seguinte:

"Quero oferecer um jantar para convidados em minha casa, mas não tendo nada à mão a não ser um pouco de

salmão defumado, penso em ir fazer compras no mercado, mas me ocorre que é domingo à tarde, quando todos os estabelecimentos estão fechados. Em seguida, tento telefonar para alguns fornecedores, mas o telefone está com defeito... assim, só me resta renunciar ao meu desejo de oferecer um jantar."

Respondo, logicamente, que somente com análise poderia entender o significado desse sonho, embora eu admita que à primeira vista parece sensato e coerente e demonstra ser o oposto de uma realização de desejo. "Mas que acontecimento deu origem ao sonho?", pergunto. "Você sabe que o material que serve de estímulo para um sonho está sempre nas experiências do dia anterior."

Análise: o marido da paciente, um açougueiro honesto e íntegro, comentara com ela no dia anterior que estava engordando demais e que, por isso, tinha a intenção de iniciar um tratamento para a obesidade. Ele acordaria cedo, faria exercícios físicos, seguiria uma dieta rigorosa e, acima de tudo, não aceitaria mais nenhum convite para jantares. A paciente passa a me contar, rindo, que o marido, à mesa de uma pousada onde costumava almoçar, travou contato com um pintor, que insistiu em pedir permissão para pintar seu retrato, porque ele, o artista, nunca havia encontrado um rosto de feições tão expressivas. No entanto, com seu jeito áspero, o marido respondeu que se sentia muito grato pela homenagem, mas estava bastante convencido de que uma parte do traseiro de uma linda jovem agradaria mais ao artista do que todo o seu rosto.¹ Minha paciente disse que na época estava muito apaixonada pelo marido e caçoava bastante dele. Ela também lhe implorou que não lhe trouxesse nenhum caviar.

O que isso significa? Ela explicou que, na realidade, havia muito tempo desejava comer um sanduíche de caviar todas as manhãs, mas relutava em arcar com tamanha despesa. É claro que o marido lhe forneceria imediatamente o caviar, tão logo o pedisse a ele; mas, ao contrário, ela insistiu com veemência que ele *não lhe trouxesse o caviar*, porque assim poderia continuar a caçoar dele por mais tempo.

Essa explicação me parece forçada e absurda. Motivos não admitidos costumam se esconder atrás de explicações insatisfatórias. Isso nos faz lembrar dos pacientes hipnotizados por Bernheim[26], que cumpriam um comando pós-hipnótico e que, ao serem questionados sobre os motivos de seu comportamento, em vez de responderem "Não sei por que fiz isso", tinham de inventar uma razão obviamente inadequada. Alguma coisa similar provavelmente se aplicava ao caso do caviar da minha paciente. Vi que ela foi compelida a criar para si um desejo não realizado na vida. Seu sonho mostrava, também, a reprodução do desejo como realizado. Mas por que ela precisa de um desejo não realizado?

As ideias que a minha paciente havia apresentado até então eram insuficientes para a interpretação do sonho. Eu insisti que ela falasse mais. Após uma breve pausa, que corresponde

---

I A expressão "posar para um retrato". Goethe: "E, se não tiver nenhum traseiro / Como poderá o sr. Lorde sentar-se?".

à superação de uma resistência, ela relata que no dia anterior fizera uma visita a uma amiga, de quem sentia muito ciúme, pois seu marido (de minha paciente) vivia cobrindo de elogios essa mulher. Felizmente, a amiga é muito magra e esguia, e o marido dela gosta de silhuetas mais curvilíneas. E do que essa amiga magra fala? Naturalmente, de seu desejo de se tornar um pouco mais robusta. Ela também perguntou à minha paciente: "Quando vai nos convidar de novo para jantar? Você sempre tem uma mesa tão farta!".

Agora o significado do sonho estava claro, e pude dizer à minha paciente: "É como se, no momento em que ela fez o pedido, você tivesse pensado: 'Claro, vou convidá-la para que possa se empanturrar de comida na minha casa e engordar e se tornar ainda mais agradável aos olhos do meu marido'... Prefiro não oferecer jantares nunca mais'. O sonho, então, diz a você que não pode dar um jantar, cumprindo, portanto, o seu desejo de não contribuir em nada para tornar mais roliço o corpo da sua amiga". A resolução do marido de recusar convites para jantar a fim de emagrecer ensinou à minha paciente que as pessoas engordam com as coisas que são servidas em festas e reuniões sociais. Agora bastava apenas um pouco de conversa para confirmar a solução. A origem do salmão defumado do sonho ainda não havia sido identificada. "Como lhe ocorreu o salmão mencionado no seu sonho?" "Salmão defumado é o prato predileto dessa minha amiga", respondeu a paciente. Acontece que eu também conheço a mulher em questão, e posso corroborar essa informação afirmando que ela se ressente tanto de não comer salmão quanto a minha paciente se ressente de não comer caviar.

O sonho admite, ademais, outra interpretação, mais exata, necessária apenas por uma circunstância subordinada. As duas interpretações não se contradizem, mas antes se complementam e constituem um belo exemplo da usual ambiguidade dos sonhos, bem como de todas as outras formações psicopatológicas. Vimos que, ao mesmo tempo que sonhava com a negação ou renúncia de um desejo, minha paciente estava, na realidade, ocupada em garantir um desejo não realizado (os sanduíches de caviar). Também a sua amiga manifestou o desejo – a saber, de engordar –, e não nos surpreenderia se a nossa senhora tivesse sonhado que o desejo da amiga não se concretizava, pois o próprio desejo de minha paciente era o de que um desejo de sua amiga – ganhar peso – não se realizasse. Em vez disso, porém, ela sonha que um de *seus próprios* desejos não foi realizado. O sonho, portanto, torna-se passível de uma nova interpretação se partirmos da premissa de que nele não é ela mesma a pessoa indicada, mas, sim, a amiga: ela se colocou no lugar da amiga, ou, digamos, se identificou com ela.

Creio que ela de fato fez isso e, como prova dessa identificação, criou um desejo não realizado na vida real. Mas qual é o significado dessa identificação histérica? Para esclarecer tal ponto, é necessária uma exposição completa e minuciosa. A identificação é um fator extremamente importante no mecanismo dos sintomas histéricos; é um recurso que permite aos pacientes se capacitarem a representar em seus sintomas não apenas as suas próprias experiências, mas também as experiências de um grande número de outras pessoas, e sofrer, por assim dizer, por toda uma multidão de pessoas e desempenhar sozinhas, por meio de sua própria personalidade, todos os papéis de uma peça. Nesse ponto, é possível fazer a objeção de que se trata de uma bem conhecida imitação histérica, a capacidade dos sujeitos histéricos de copiar todos os sintomas que os impressionam quando ocorrem em outros indivíduos, como se a sua piedade fosse estimulada até o ponto da reprodução. Mas isso indica apenas de que maneira o processo psíquico deságua em uma imitação histérica; o modo como um ato psíquico ocorre e o ato em si são duas coisas diferentes. Este último é um pouco mais complexo do que se costuma imaginar que seja a imitação comum de sujeitos histéricos: consiste em um processo inconsciente concluído, como um exemplo mostrará.

O médico que atende a uma paciente com um tipo específico de espasmo, internada na companhia de outros pacientes no mesmo quarto do hospital, não se surpreende quando, certa manhã, é informado de que esse peculiar ataque histérico encontrou imitadores. O médico simplesmente diz a si mesmo: "Os outros a viram e fizeram o mesmo: isso é infecção psíquica". Sim, mas a infecção psíquica ocorre mais ou menos da seguinte maneira: via de regra, os pacientes sabem mais uns dos outros do que o médico sabe a respeito de cada um deles e se preocupam uns com os outros assim que termina a visita médica à enfermaria. Se um dos pacientes tiver um ataque hoje, logo se saberá entre os demais pacientes que a causa foi o recebimento de uma carta de casa, o reavivamento de uma paixão amorosa ou algo parecido. A solidariedade dos pacientes é despertada, e neles se completa o seguinte silogismo, que, contudo, não consegue chegar à consciência: "Se é possível ter esse tipo de ataque por causa disso, eu também posso ter o mesmo tipo de ataque, pois tenho os mesmos motivos". Se fosse um ciclo capaz de se tornar consciente, talvez se expressasse na forma de *medo* de sofrer o mesmo ataque; entretanto, ocorre em outra esfera psíquica e, por conseguinte, culmina na concretização do temido sintoma. A identificação não é, portanto, uma simples imitação, mas uma simpatia baseada na mesma afirmação etiológica; expressa uma analogia ("como se") e se refere a algum elemento comum que permaneceu no inconsciente.

Utiliza-se a identificação com mais frequência na histeria para expressar um elemento sexual em comum. Uma mulher histérica se identifica mais rapidamente – embora não de forma exclusiva – com as pessoas com quem teve relações sexuais ou com quem tenha tido relações sexuais com as mesmas pessoas que ela. A linguagem leva em consideração esse conceito: diz-se que dois amantes são "uma mesma pessoa". Nas fantasias histéricas, assim como nos sonhos, para a identificação é suficiente que a pessoa *pense* em relações sexuais, tenham ocorrido na realidade ou não. Minha paciente estava apenas seguindo as regras dos processos de pensamento histérico ao dar expressão ao ciúme da amiga (que ela mesma admite ser injustificado, na medida em que se coloca no lugar da outra e se identifica com ela por meio da criação de um sintoma – o desejo renunciado). Posso esclarecer melhor o processo com considerações específicas, da seguinte forma: no sonho, minha paciente se colocou no lugar da amiga, porque a amiga assumiu o lugar dela em relação ao marido e porque ela (a paciente) gostaria de ocupar o lugar da amiga na estima do marido.[II]

II Lamento introduzir excertos da psicopatologia da histeria que, dada a representação fragmentada e totalmente desvinculada do contexto do

No caso de outra paciente, a mais espirituosa de todas as minhas sonhadoras, a contradição com a minha teoria dos sonhos foi resolvida de maneira mais simples, embora de acordo com o padrão de que a não realização de um desejo significa a realização de outro. Um dia, eu lhe expliquei que os sonhos são realizações de desejos. No dia seguinte, ela me relatou um sonho no qual viajava com a sogra até um balneário onde passariam juntas as férias de verão. Ora, eu sabia que ela havia rejeitado veementemente a ideia de passar o verão perto da sogra. Eu sabia, também, que ela, para sua alegria, conseguira evitar o contato com sogra por se hospedar em um resort distante. Agora o sonho invertia essa solução; não seria isso a mais flagrante contradição da minha teoria de que nos sonhos os desejos são realizados? Decerto bastava apenas fazer as inferências desse sonho para chegar à interpretação. De acordo com esse sonho, eu estava errado. *Era, portanto, desejo dela que eu estivesse errado, e o sonho lhe mostrou esse desejo realizado.* Mas o desejo de que eu estivesse errado, concretizado no tema da casa de veraneio, dizia respeito a um assunto mais sério. Naquela época, eu havia concluído, com base no material fornecido pela análise dessa paciente, que em determinado momento de sua vida devia ter ocorrido algo que tinha papel significativo em sua doença. Ela negou, uma vez que nenhum indício disso estava presente em sua memória. Logo pudemos constatar que eu estava certo.

---

tema, não são capazes de exercer efeito muito esclarecedor. Se essas passagens puderem lançar alguma luz sobre as íntimas ligações entre a questão do sonho e das psiconeuroses, então terão servido ao propósito pelo qual as inseri.

O seu desejo de que eu estivesse errado, que se transformou em seu sonho de férias com a sogra, correspondia ao desejo justificado de que aquelas coisas, que na altura eram apenas suspeitas, nunca tivessem ocorrido.

Sem nenhuma análise, e apenas por meio de uma suposição, tomei a liberdade de interpretar um pequeno acontecimento no caso de um amigo, que havia sido meu colega de classe ao longo de todo o curso secundário. Certa vez, ele ouviu uma palestra que proferi para uma pequena plateia sobre a noção inédita dos sonhos como a realização de desejos. Ele foi embora para casa, sonhou que havia perdido *todos os seus casos judiciais* – ele era advogado – e depois veio se queixar comigo a respeito disso. Eu lhe dei uma resposta esquiva: "Não se pode ganhar todos os casos", mas pensei comigo mesmo: "Durante os oito anos na escola eu me sentei na primeira fileira da classe, na condição de melhor aluno, enquanto ele mudava de um lugar para o outro entre os alunos medianos, será que por isso naturalmente não alimenta ainda um desejo, remanescente da infância, de que *eu*, pelo menos uma vez na vida, fracasse de forma retumbante?".

Da mesma forma, uma paciente me relatou um sonho de caráter mais sombrio como uma contradição à minha teoria dos sonhos de desejo. A paciente, uma moça, começou assim:

> "O senhor deve estar lembrado de que agora a minha irmã só tem um filho, Karl; ela perdeu o mais velho, Otto, enquanto eu ainda morava na casa dela. Otto era meu favorito; a verdade é que eu o criei. Eu também gosto do outro garotinho, mas não tanto quanto do falecido.

Ontem à noite sonhei que via Karl morto diante de mim. Ele estava deitado em seu caixãozinho, com as mãos cruzadas sobre o peito: havia velas por toda parte e, em suma, era exatamente igual ao velório do pequeno Otto, o que me deixou profundamente chocada. Agora me diga, o que isso significa? O senhor me conhece: sou realmente uma pessoa tão má a ponto de desejar que minha irmã perca o único filho que ainda tem? Ou o sonho significa meu desejo de que Karl estivesse morto no lugar de Otto, de quem eu gosto muito mais?"

Assegurei-lhe que esta última interpretação era impossível. Depois de alguma reflexão, consegui formular a interpretação correta do sonho, que posteriormente ela confirmou.

Tendo ficado órfã ainda em tenra idade, a menina foi criada na casa de uma irmã muito mais velha e conheceu, entre os amigos e visitantes que frequentavam a casa, um homem que deixou em seu coração uma impressão duradoura. Durante algum tempo, pareceu que essas relações um tanto veladas terminariam em casamento, mas esse desfecho feliz foi frustrado pela irmã, cujos motivos nunca encontraram uma explicação completa. Após o rompimento, o homem amado de minha paciente deixou de frequentar a casa; já a paciente foi morar sozinha, algum tempo depois da morte do pequeno Otto, a quem agora se voltaram seus afetos. Mas ela não conseguiu se desvencilhar do interesse amoroso pelo amigo da irmã, com o qual se envolvera. Seu orgulho ordenava que ela o evitasse; mas era impossível transferir o seu amor para outros pretendentes que se apresentavam. Sempre que o homem a quem ela amava, que era por profissão um literato, anunciava uma palestra em qualquer lugar, ela dava um jeito de estar na plateia; e também aproveitava todas as outras oportunidades para contemplá-lo a distância, sem que ele percebesse. Lembrei-me de que, no dia anterior, ela me dissera que o seu homem de letras assistiria a um certo concerto, e que ela também iria até lá, para ter o prazer de vê-lo mais uma vez. Isso foi no dia do sonho; e o concerto aconteceria no dia em que ela me relatou o sonho. Agora pude ver facilmente a interpretação correta e lhe perguntei se ela conseguia pensar em algum fato ocorrido após a morte do pequeno Otto. Ela respondeu, de imediato: "Certamente; naquela época o professor voltou depois de uma longa ausência, e eu o vi mais uma vez ao lado do caixão do pequeno Otto". Exatamente como eu esperava. Interpretei o sonho da seguinte maneira: "Se o outro menino morresse agora, a mesma coisa se repetiria. Você passaria o dia com sua irmã, o professor certamente apareceria para oferecer condolências, e você o veria novamente nas mesmas circunstâncias daquela época. O sonho não significa nada além desse seu desejo de revê-lo, contra o qual você está lutando interiormente. Eu sei que você carrega na bolsa o ingresso para o concerto de hoje. Seu sonho é um sonho de impaciência; ele antecipou em várias horas o encontro que acontecerá logo mais".

Para disfarçar o seu desejo, ela obviamente escolheu uma situação em que desejos desse tipo são comumente sufocados – uma situação tão repleta de tristeza que é impossível pensar no amor. No entanto, é muito provável que, mesmo na situação real no caixão do menino a quem ela amava ainda mais – e que o sonho copiou fielmente –, ela não tenha sido capaz de reprimir seus sentimentos de afeto pelo visitante ausente de quem sentia tanta saudade.

Uma explicação diferente foi encontrada no caso de um sonho semelhante de outra paciente, que na juventude se distinguira por seu raciocínio rápido e seu comportamento alegre, qualidades que ela ainda demonstrava, pelo menos nas ideias que lhe ocorreram no decurso do tratamento. Em conexão com um sonho mais longo, essa senhora teve a impressão de ter visto sua filha, de 15 anos, morta diante dela, dentro de uma caixa. Essa paciente estava fortemente inclinada a converter essa imagem onírica em uma objeção à teoria da realização dos desejos, embora ela mesma suspeitasse de que o detalhe da caixa devia levar a uma concepção diferente do sonho.[III] No decorrer da análise, ocorreu-lhe que, em uma reunião festiva ocorrida na noite anterior, a conversa girou em torno da palavra inglesa *box* e de suas inúmeras possibilidades de tradução para o alemão, como *box* [*Schachtel*, "caixa"], *theatre box* [*Loge*, "camarote de teatro"], *chest* [*Kasten*, "arca"], *box on the ear* [*Ohrfeige*, "murro no ouvido"] etc. A partir de outros componentes do mesmo sonho, agora é possível acrescentar que a senhora tinha adivinhado a relação entre a palavra inglesa "*box*" e a palavra alemã *Büchse*, e desde então estava assombrada pela lembrança de que *Büchse* (assim como *box*) é usada na linguagem vulgar para designar o órgão genital feminino. Portanto, era possível supor, levando em consideração suas noções sobre anatomia topográfica, que a criança que jazia na caixa significava uma criança no ventre da mãe. Nessa fase da explicação, a paciente já não negava que a imagem do sonho correspondia realmente a um dos seus desejos.

III Algo como o salmão defumado no sonho do jantar adiado.

Como tantas outras jovens, ela não ficou nada feliz quando engravidou, e mais de uma vez admitiu para mim o desejo de que sua filha morresse antes de nascer; em um acesso de raiva após uma cena violenta com o marido, ela chegou a esmurrar o abdômen para ferir a criança que estava dentro dela. Portanto, a criança morta era, na verdade, a realização de um desejo, que ficou de lado durante quinze anos, e não é de estranhar o fato de que a realização do desejo não foi mais reconhecida depois de um intervalo tão longo, pois, nesse meio-tempo, houve muitas mudanças.

O grupo de sonhos a que pertencem os dois últimos sonhos mencionados, tendo como conteúdo a morte de parentes queridos, será considerado novamente sob o título de "sonhos típicos". Serei, então, capaz de mostrar por meio de novos exemplos que, apesar de seus conteúdos indesejáveis, todos esses sonhos devem ser interpretados como realizações de desejos. Quanto ao sonho seguinte, que novamente me contaram a fim de me dissuadir de fazer uma precipitada generalização da teoria do desejo nos sonhos, estou em dívida não com um paciente, mas com um inteligente jurista conhecido meu. Diz-me meu informante:

> *"Eu sonho que estou passando a pé na frente da minha casa com uma senhora de braço dado comigo. Uma carruagem fechada está esperando; um cavalheiro se aproxima de mim, apresenta-se como agente da polícia e exige que eu o acompanhe. Peço a ele algum tempo para organizar meus assuntos. O senhor supõe que se trata de um desejo meu ser preso?"*

"Claro que não", tive de admitir. "O senhor sabe qual era a acusação que o levou a ser preso?" "Sim, acredito que foi infanticídio." "Infanticídio? Mas o senhor sabia que esse crime somente pode ser cometido pela mãe contra o filho recém-nascido?" "Isso é verdade."[IV] "E em que circunstâncias o senhor sonhou; o que aconteceu na noite anterior?" "Isso eu prefiro não contar, é um assunto delicado." "Mas eu preciso saber, caso contrário teremos de desistir da interpretação do sonho." "Pois bem, então vou lhe contar. Não passei a noite em casa, mas na residência de uma senhora que significa muito para mim. Quando acordamos pela manhã, novamente algo se passou entre nós. Então eu dormi de novo e sonhei o que acabei de relatar a você." "A mulher é casada?" "Sim." "E o senhor não deseja ter um filho com ela?" "Não, uma gravidez poderia nos denunciar." "Então o senhor não pratica coito normal?" "Tomo a precaução de retirar antes da ejaculação." "Posso presumir que o senhor usou essa técnica várias vezes durante a noite e pela manhã estava inseguro, sem saber com certeza se havia conseguido?" "Pode ser que sim." "Então o seu sonho é a realização de um desejo. Nele, o senhor obtém a certeza de que não gerou um filho ou, o que dá no mesmo, de que matou uma criança. Posso demonstrar facilmente os elos. O senhor se lembra de que, há poucos dias, falávamos sobre as vicissitudes do matrimônio (*Ehenot*, "angústia

---

[IV] Muitas vezes acontece de o primeiro relato de um sonho ser incompleto, e a lembrança das partes omitidas ocorre apenas no decorrer da análise. Essas partes acrescentadas posteriormente costumam invariavelmente fornecer a chave para a interpretação do sonho. Ver, por exemplo, a análise sobre o esquecimento dos sonhos, apresentada mais adiante.

conjugal", em alemão) e sobre a incoerência de se permitir a prática do coito desde que não haja fecundação, ao passo que toda delinquência após o óvulo e o sêmen se encontrarem e se formar um feto é punida como crime? Nesse sentido, recordamos também a controvérsia medieval sobre o momento em que a alma está realmente alojada no feto, uma vez que o conceito de homicídio só se torna admissível desse instante em diante. Sem dúvida o senhor também conhece o horrendo poema de Lenau[27], que equipara o infanticídio à prevenção da gravidez." "Estranhamente, pensei em Lenau durante a tarde." "Outro eco do seu sonho. E agora demonstrarei ao senhor a outra realização de desejo subordinada em seu sonho. O senhor passa na frente de sua casa de braços dados com a senhora. Ou seja, você a está levando para sua casa, em vez de passar a noite com ela na casa dela, como o senhor fez na realidade. Talvez haja mais de uma razão para o fato de a realização do desejo, que é a essência do sonho, se disfarçar de uma forma tão desagradável. No meu ensaio sobre a etiologia das neuroses de ansiedade, o senhor verá que aponto o *coitus interruptus* (coito interrompido) como um dos fatores que causam o desenvolvimento do medo neurótico. Seria condizente com isso que, se após repetidas práticas sexuais do tipo mencionado, o senhor ficasse com um estado de ânimo desconfortável, uma inquietação que agora se torna um elemento na composição do seu sonho. O senhor também faz uso desse estado de espírito desagradável para encobrir a realização do desejo. Além disso, a menção ao infanticídio ainda não foi explicada. Por que esse crime, que é tão específico das mulheres, ocorreu ao senhor?" "Devo confessar-lhe que estive envolvido em um caso assim há anos.

Por minha culpa, uma moça tentou se proteger das consequências de um relacionamento comigo fazendo um aborto. Nada tive a ver com a execução do plano, mas naturalmente fiquei muito tempo preocupado com a possibilidade de o caso vir a público." "Eu compreendo. Essa lembrança forneceu uma segunda razão pela qual a suposição de ter feito mau uso do recurso anticoncepcional deve ter sido dolorosa para o senhor."

Um jovem médico, que ouvia o relato desse sonho, deve ter ficado sugestionado, pois se apressou em imitá-lo em seu próprio sonho, aplicando o mesmo modo de pensamento a outro tema. Um dia antes, ele entregara a declaração de imposto de renda, que preencheu com perfeita idoneidade, mesmo porque tinha poucos rendimentos a declarar. Ele sonhou que um conhecido seu, que acabava de sair de uma reunião da Comissão Tributária, foi procurá-lo para lhe informar de que todas as demais declarações de rendimentos foram aprovadas sem contestação, mas que a dele havia despertado suspeitas generalizadas e que ele seria punido com uma pesada multa. O sonho é a mal disfarçada realização do desejo de ser reconhecido como um médico de grande renda e muitas posses.

Além desta, fez lembrar a história da jovem que foi aconselhada a não aceitar o pedido de casamento de seu pretendente porque ele era um homem de temperamento explosivo, que certamente a trataria com violência e maus-tratos depois que se casassem. A resposta da moça foi: "Eu adoraria que ele me espancasse!". Seu desejo de se casar era tão forte que ela aceitava o desconforto que lhe diziam estar ligado ao matrimônio – e que estava previsto para ela –, a ponto de transformá-lo em desejo.

Se eu agrupo os sonhos desse tipo, que ocorrem com muita frequência – e que parecem contradizer categoricamente minha teoria, na medida em que contêm como tema a negação de um desejo ou de alguma ocorrência claramente indesejados –, sob o título de "sonhos de contradesejo", observo que todos podem ser associados a dois princípios, dos quais um ainda não foi mencionado, embora desempenhe um papel relevante nos sonhos dos seres humanos. Um dos motivos que inspiram esses sonhos é o desejo de parecer que estou errado. Esses sonhos ocorrem regularmente no decorrer do meu tratamento se o paciente mostrar resistência contra mim, e posso contar, com elevado grau de certeza, que causarei esse sonho depois de ter explicado ao paciente uma única vez a minha teoria de que os sonhos são a realização de desejos.[V] Posso, de fato, esperar que isso aconteça em um sonho apenas para realizar o desejo de que possa parecer que estou errado. O último sonho que relatarei, entre aqueles que ocorreram durante o tratamento, mostra, de novo, exatamente isso.

Uma jovem, que tem se empenhado muito para continuar a fazer o tratamento comigo, contra a vontade dos seus familiares e das autoridades que ela consultou, sonha o seguinte:

> *"Em casa, seus familiares a proibiram de continuar a vir para as minhas consultas. Ela, então, me lembra da promessa que eu lhe fizera de que a trataria de graça, se necessário,*

[V] "Sonhos de contradesejo" similares têm sido repetidamente relatados a mim, nos últimos anos, por alunos que reagiram dessa maneira ao primeiro contato com a minha "teoria dos sonhos como desejos".

> *ao que respondo: 'Não posso fazer concessão nenhuma em questões financeiras'".*

Não é nada fácil, neste exemplo, demonstrar a realização de um desejo, mas em todos os casos desse tipo existe um segundo problema, cuja solução ajuda, também, a resolver o primeiro enigma. De onde ela tira as palavras que põe na minha boca? É claro que eu nunca lhe disse nada parecido, mas um de seus irmãos, aquele que exerce maior influência sobre ela, teve a gentileza de atribuir a mim esse comentário. É, então, o propósito do sonho provar que o irmão estava certo; e ela não tenta dar a razão a ele apenas nos sonhos; era seu propósito na vida, e o motivo de ela estar doente.

O outro motivo para os sonhos de contradesejo é tão óbvio que há o perigo de deixá-lo despercebido, como aconteceu comigo durante algum tempo. Na constituição sexual de muitas pessoas, existe um componente masoquista, que decorre da inversão do componente agressivo e sádico em seu oposto. Essas pessoas são chamadas de masoquistas "ideais", por buscarem prazer não na dor corporal que lhes pode ser infligida, mas na humilhação e no castigo da alma. É claro que essas pessoas podem ter sonhos de contradesejo e sonhos desprazerosos, que, no entanto, para elas nada mais são do que a realização de desejos, pois proporcionam satisfação às suas inclinações masoquistas. Citarei aqui um desses sonhos. Um rapaz – que durante anos havia atormentado seu irmão mais velho, por quem tinha inclinações homossexuais, mas que havia passado por uma mudança completa de caráter – tem o seguinte sonho, composto por três partes:

1. Ele é "insultado" por seu irmão.
2. Dois homens adultos trocam carícias com intenções homossexuais.
3. O irmão vendeu a empresa que o rapaz almejava administrar futuramente.

Ele desperta deste último sonho com os sentimentos mais desagradáveis; não obstante, trata-se de um sonho masoquista, que pode ser assim traduzido: *seria muito útil para mim se meu irmão fizesse a venda contra o meu interesse, como punição por todos os tormentos que ele sofreu em minhas mãos.*

Espero que a discussão apresentada e os exemplos mencionados sejam suficientes – até que novas objeções possam ser levantadas – para fazer parecer crível que até mesmo os sonhos com um conteúdo doloroso devem ser analisados como a realização de desejos. Tampouco parecerá uma questão de mero acaso que, no decurso da interpretação desses sonhos, sempre nos deparamos com assuntos sobre os quais não gostamos de falar ou nos quais relutamos em pensar. A sensação desagradável que esses sonhos despertam é simplesmente idêntica à antipatia que tenta – geralmente com êxito – nos impedir de tratar ou discutir esses assuntos, e que deve ser superada por todos nós, se, apesar de seu desagrado, julgarmos necessário enfrentá-los. Mas esse sentimento de desprazer, que ocorre também nos sonhos, não exclui a existência de um desejo; todos nós temos desejos que não gostaríamos de revelar a outras pessoas, e desejos que não queremos admitir nem sequer a nós mesmos. Com base em outros fundamentos, é justificável ligarmos o caráter desprazeroso de todos esses sonhos ao fato da desfiguração do sonho e concluirmos que esses sonhos são distorcidos, e que a realização de desejo neles é disfarçada até o ponto de se tornar irreconhecível por causa de uma repugnância, uma vontade de suprimir, que existe em relação ao tema do sonho ou em relação ao desejo que o sonho cria. Assim, no fim fica claro que a desfiguração do sonho é na realidade um ato da censura. Levando em consideração tudo o que a análise dos sonhos desagradáveis trouxe à luz, modificando a nossa fórmula da seguinte maneira: *o sonho é a realização (disfarçada) de um desejo (reprimido ou recalcado)*.

Ora, ainda resta uma espécie particular de sonhos de conteúdo doloroso, sonhos de ansiedade, cuja inclusão na categoria de sonhos de desejo encontrará menos aceitação entre os não iniciados. Mas posso resolver em pouquíssimo tempo o problema dos sonhos de ansiedade, pois o que eles revelam não é um aspecto novo do problema dos sonhos; trata-se, no caso deles, de uma questão de compreensão da ansiedade neurótica em geral. O medo ou a angústia que sentimos nos sonhos são apenas aparentemente explicados pelo conteúdo dos sonhos. Se submetermos seus conteúdos à análise, tomaremos consciência de que o medo ou a angústia oníricos não se justificam melhor pelo conteúdo dos sonhos do que o medo ou a angústia em uma fobia se justificam pela ideia da qual a fobia depende. Por exemplo, é verdade que é possível cair de uma janela e que é necessário ter algum cuidado quando se está perto de uma, mas é inexplicável por que a ansiedade na fobia correspondente é tão grande e por que ela acossa suas vítimas em uma extensão muito maior do que a sua origem justifica. Portanto, a mesma explicação que se aplica à fobia se aplica em igual medida aos sonhos de ansiedade. Em ambos os casos, a ansiedade está apenas superficialmente ligada à ideia que a acompanha e se origina de outra fonte.

Devido à íntima relação entre o medo onírico e o medo neurótico, a discussão do primeiro obriga-me a fazer referência ao segundo. Em um pequeno ensaio sobre "A neurose de ansiedade"[VI], argumentei que a angústia neurótica tem origem na vida sexual e corresponde a uma libido que foi desviada de seu objeto e não conseguiu ser aplicada. Desta fórmula, cuja validade tem sido provada com clareza cada vez maior, podemos deduzir a conclusão de que o conteúdo dos sonhos de ansiedade é de natureza sexual, sendo a libido pertencente à qual o conteúdo foi transformado em medo.

VI Ver "Selected papers on hysteria and other psychoneuroses", em *Journal of Nervous and Mental Diseases*, Monograph Series, traduzido por A. A. Brill, p. 133.

CAPÍTULO 5

O SEXO NOS SONHOS

Quanto mais nos ocupamos com a solução dos sonhos, mais dispostos devemos estar a reconhecer que a maioria dos sonhos dos adultos versa sobre material sexual e dá expressão a desejos eróticos. Somente quem realmente analisa os sonhos, isto é, quem avança do seu conteúdo manifesto para os pensamentos oníricos latentes, pode formar uma opinião sobre o assunto – nunca a pessoa que se contenta em registrar o conteúdo manifesto (a exemplo de Näcke[28] em seus escritos sobre sonhos sexuais). Reconheçamos imediatamente que esse fato nada tem de surpreendente, mas está em completa harmonia com os pressupostos fundamentais da explicação dos sonhos. Nenhum outro impulso teve de sofrer, desde a infância, tanta supressão quanto o impulso sexual, em seus numerosos componentes; nenhum outro impulso sobreviveu a tantos e tão intensos desejos inconscientes, que agora agem no estado de sono de modo a produzir sonhos. Na interpretação dos sonhos, a significância dos complexos sexuais jamais deve ser esquecida, tampouco se deve exagerá-los a ponto de serem considerados exclusivos.

A interpretação cuidadosa permite asseverar que muitos sonhos devem ser interpretados como bissexuais, na medida em que resultam em uma irrefutável interpretação secundária de que realizam sentimentos homossexuais – isto é, sentimentos que são comuns à atividade sexual normal do indivíduo que sonha. Mas o fato de que *todos* os sonhos devem ser interpretados bissexualmente parece-me uma generalização tão indemonstrável quanto improvável, a qual eu não gostaria de corroborar. Acima de tudo, eu não saberia descartar o fato aparente de que existem muitos sonhos que satisfazem a outras necessidades além – no sentido mais amplo – das eróticas, como sonhos com fome e sede, os de conveniência etc. Da mesma forma, afirmações semelhantes "de que por trás de todo sonho encontra-se o espectro de uma sentença de morte" (Stekel)[29] ou de que todo sonho mostra "uma continuação da linha feminina para a masculina" (Adler) parecem-me ir muito além do que é admissível na interpretação dos sonhos.

Já afirmamos em outro lugar que amiúde os sonhos evidentemente inocentes incorporam desejos eróticos grosseiros, e poderíamos confirmar isso por meio de numerosos exemplos novos. Contudo, muitos sonhos que parecem insignificantes, e dos quais nunca se suspeitaria de qualquer significado particular, podem ser atribuídos, após análise, a sentimentos de desejo inconfundivelmente sexuais, que muitas vezes são de natureza inesperada. Por exemplo, quem poderia ter suspeitado da presença de um desejo sexual no sonho citado a seguir, antes da elaboração de sua interpretação? O sonhador relata:

> "*Entre dois imponentes palácios senhoriais ergue-se uma casinha, um pouco recuada, cujas portas estão fechadas. Minha esposa me conduz pelo pedaço de rua que leva até a casinha e empurra a porta; em seguida, entro com facilidade, esgueirando-me a passos rápidos para avançar por um pátio que se inclina obliquamente para cima*".

Claro está, qualquer pessoa que tenha alguma experiência na tradução de sonhos perceberá, de imediato, que penetrar em espaços estreitos e abrir portas trancadas pertence ao simbolismo sexual mais comum, e facilmente encontrará nesse sonho uma representação de tentativa de coito por trás (entre as duas imponentes nádegas do corpo feminino). A passagem estreita que sobe por uma inclinação é, obviamente, a vagina; a ajuda prestada pela esposa do homem que teve o sonho exige a interpretação de que, na realidade, é apenas a grande consideração que tem pela esposa o fator responsável por impedir que ele tente concretizar esse tipo de penetração. Além do mais, a averiguação mostra que no dia anterior havia ido residir na casa do sonhador uma jovem por quem ele se atraiu e que lhe deu a impressão de que não rechaçaria totalmente a uma abordagem do tipo. A casinha entre os dois palácios origina-se de uma reminiscência do bairro de Hradčany [em alemão, *Hradschin*, ou o "Distrito do Castelo"], em Praga, e, portanto, é mais uma referência à moça, que é natural daquela cidade.

Quando enfatizo junto a um paciente a frequência dos sonhos edipianos – em que o sonhador tem relações sexuais com a própria mãe –, obtenho a resposta: "Não consigo me lembrar de ter tido sonhos desse tipo". Imediatamente depois, porém, vem à tona a lembrança de algum outro sonho disfarçado e insignificante, que o paciente sonhou repetidas vezes, e a análise mostra que se trata de um sonho com o mesmo conteúdo – isto é, outro sonho edipiano. Posso assegurar ao leitor que os sonhos *velados* de relações sexuais com a própria mãe são muito mais frequentes do que os sonhos escancarados de mesmo teor.

Há sonhos sobre paisagens e locais em que a ênfase sempre recai sobre a declaração peremptória: "Eu já estive lá antes". Nesse caso, a localidade é sempre o órgão genital da mãe da pessoa que sonha; com efeito, não existe nenhum outro lugar sobre o qual se possa afirmar com toda certeza que já se esteve lá antes.

Um grande número de sonhos, muitas vezes repletos de medo e angústia por dizerem respeito a conteúdos como passar por espaços estreitos ou permanecer na água, baseia-se em fantasias sobre a vida embrionária, sobre a permanência no ventre materno e sobre o ato do nascimento. O que se segue é o sonho de um jovem que, em sua imaginação, ainda como embrião, aproveitou a oportunidade para espionar a cópula entre seu pai e sua mãe.

"Ele está em um poço profundo, no qual há uma janela, como no Túnel de Semmering. A princípio ele vê pela janela uma paisagem vazia, e então compõe nela uma imagem, que surge imediatamente à mão e preenche o espaço vazio. A imagem representa um campo que está sendo arado em toda a sua extensão por algum equipamento, e o ar aprazível, a ideia de trabalho duro que o acompanha, e os torrões de terra preto-azulados causam uma impressão das mais agradáveis. Ele, então, segue em

frente e vê uma escola primária aberta... e fica surpreso que nela se dedique tanta atenção às sensações sexuais das crianças, o que o faz pensar em mim."

Eis aqui um lindo sonho com água de uma paciente, que no decorrer do tratamento adquiriu sentido extraordinário: *"Em sua estação de veraneio, no lago, ela mergulha na água escura, em um lugar onde a lua pálida se reflete na água".*

Sonhos desse tipo são sonhos de parto; sua interpretação é realizada invertendo o fato relatado no conteúdo manifesto do sonho; assim, em vez de "mergulhar na água", entende-se "sair da água", isto é, "nascer". O lugar onde a pessoa nasce é reconhecido se pensarmos no sentido giriesco da palavra francesa *la lune* (traseiro). A lua pálida torna-se, assim, o "fundo" branco (o bumbum, o traseiro), que a criança logo supõe ser o lugar de onde ela veio. Ora, qual pode ser o significado do desejo da paciente de nascer em uma estação de veraneio? Perguntei isso à sonhadora, e ela respondeu sem hesitação: "O tratamento não me fez parecer que eu havia nascido de novo?". Assim, o sonho torna-se um convite para que eu continuasse o processo de cura no balneário, ou seja, para eu visitá-la lá; talvez também contenha uma alusão muito tímida ao desejo de se tornar mãe.[I]

[I] Foi apenas recentemente, depois de muito tempo, que aprendi a apreciar a importância das fantasias e dos pensamentos inconscientes sobre a vida no útero, que oferecem uma explicação para o curioso pavor que muitas pessoas sentem de serem enterradas vivas; e também proporcionam a base inconsciente mais profunda para a crença na vida após a morte, o que simplesmente representa uma projeção no futuro dessa estranha vida antes do

Outro sonho de parto, com sua interpretação, eu tomo emprestado do trabalho de E. Jones:[30]

"Ela estava de pé na praia observando um menino, que parecia ser o filho dela, a brincar na água à beira-mar. O menino faz isso até água cobri-lo quase por inteiro, e ela só conseguia enxergar a cabeça dele balançando para cima e para baixo perto da superfície. A cena então mudou para o saguão lotado de um hotel. O marido dela se afastou, e ela entabulou conversa com 'um desconhecido'."

A segunda metade do sonho, constatou-se na análise, representa uma escapada do marido e a entrada em relações íntimas com uma terceira pessoa, claramente indicada como o irmão do sr. X, mencionado em um sonho anterior. A primeira parte do sonho era, muito evidentemente, uma fantasia de nascimento. Tanto nos sonhos como na mitologia, a saída de uma criança *das águas* uterinas – seu parto – costuma ser representado, por distorção, como a entrada da criança *na água*; entre vários outros exemplos, os nascimentos de Adônis, Osíris, Moisés e Baco são ilustrações bem conhecidas disso. O movimento da cabeça para cima e para baixo na água lembrou à paciente a sensação dos movimentos do feto que ela teve em sua única gestação. Pensar no menino entrando na água induziu um devaneio em que ela se viu tirando-o da água, carregando-o até o quarto dele, dando-lhe banho, vestindo-o e instalando-o em sua casa. A segunda metade do sonho, portanto, representa pensamentos sobre a fuga,

---

nascimento. Além disso, o ato de nascer é a primeira experiência de medo e angústia e, portanto, fonte e modelo dessas emoções.

que pertenciam à primeira metade do conteúdo latente subjacente; a primeira metade do sonho correspondia à segunda metade do conteúdo latente, a fantasia do nascimento. Além da inversão da ordem, novas inversões ocorreram em cada uma das metades do sonho. Na primeira metade, a criança *entrou* na água, e depois sua cabeça balançava; nos pensamentos oníricos subjacentes, primeiro ocorreram os movimentos do feto, e depois a criança *saiu* da água (dupla inversão). Na segunda metade, o marido da sonhadora a abandonou; nos pensamentos oníricos, *ela* deixou o marido.

Outro sonho de nascimento é relatado por Abraham[31] sobre uma jovem que aguardava ansiosamente seu primeiro parto. De um lugar no chão da casa, sai um canal subterrâneo que leva diretamente à água (canal de parto, líquido amniótico). Ela levanta a porta de um alçapão no chão e imediatamente aparece uma criatura vestida com uma pelagem amarronzada, semelhante a uma foca. Essa criatura se transforma no irmão mais novo da mulher sonhadora, com quem ela sempre manteve um relacionamento maternal.

Sonhos de "salvamento" estão ligados aos sonhos de nascimento. Salvar, especialmente salvar da água, equivale a dar à luz quando quem sonha é uma mulher; esse sentido, entretanto, é modificado quando quem sonha é um homem.

Ladrões, assaltantes e fantasmas, dos quais sentimos medo antes de ir para a cama, e que vez por outra chegam a perturbar até o nosso sono, têm origem em uma mesma reminiscência infantil. São os visitantes noturnos que acordam as crianças e as carregam pelo quarto para impedir que molhem a cama, ou levantam as cobertas para verificar onde as crianças põem as mãos enquanto dormem. Na análise de alguns sonhos de ansiedade, consegui induzir uma recordação exata desses visitantes noturnos. Em todos os casos, os ladrões sempre representavam o pai da pessoa que sonhava; já os fantasmas provavelmente correspondiam a pessoas do sexo feminino com camisolas brancas.

Depois que nos familiarizamos com o abundante uso de simbolismo para a representação de material sexual nos sonhos, naturalmente conjecturamos se muitos desses símbolos parecem ter um significado fixo, firmemente estabelecido, tais quais os sinais da taquigrafia. É tentadora a ideia de compilar um "novo livro de sonhos", baseado no método da decifração. Nesse sentido, pode-se observar que esse simbolismo não pertence de forma peculiar aos sonhos, mas é característico do pensamento inconsciente, sobretudo o das massas populares, e pode ser encontrado com maior perfeição no folclore, em mitos, lendas, modos de falar, provérbios, expressões idiomáticas e piadas correntes de um país, mais do que nos sonhos.

O sonho aproveita esse simbolismo para dar uma representação disfarçada a seus pensamentos latentes. Entre os símbolos utilizados dessa forma, é claro que há muitos que regularmente, ou quase regularmente, significam a mesma coisa. É necessário apenas ter em mente a curiosa plasticidade do material psíquico. De vez em quando, pode ser que um símbolo no conteúdo do sonho tenha de ser interpretado não em termos simbólicos, mas de acordo com seu verdadeiro significado; em outro momento, o indivíduo sonhador, devido a um conjunto peculiar de lembranças, pode criar para si mesmo o direito de usar qualquer coisa como símbolo sexual, mesmo que normalmente não seja usado dessa forma. Tampouco os símbolos sexuais empregados com mais frequência são sempre inequívocos.

Feitas essas restrições e ressalvas, posso chamar a atenção para o seguinte: na maioria dos casos, o imperador e a imperatriz (ou o rei e a rainha) representam realmente os pais da pessoa que sonha; o próprio sonhador é o príncipe ou a princesa. Todos os objetos alongados, varas, troncos de árvores e guarda-chuvas (o ato de colocar o guarda-chuva na vertical e abri-lo pode ser comparado a uma ereção!) representam o membro masculino. O mesmo vale para todas as armas alongadas e afiadas, facas, punhais, adagas, sabres e lanças. Um símbolo frequente, pouco inteligível, da mesma coisa é a lixa de unha (por causa do atrito e da raspagem?). Maletas, pequenos estojos, caixas, caixões, armários e fogões correspondem às partes femininas. O simbolismo da chave e da fechadura foi elegantemente empregado por Uhland[32], em sua balada sobre o *"Grafen Eberstein" (conde Eberstein)*, para fazer uma piada obscena. Sonhar que se caminha por uma fieira de quartos é sonhar com um bordel ou harém. Sonhar com degraus, escadas de mão, escadarias e lances de escadas, ou subir e descer sobre elas, são representações simbólicas do ato sexual. Paredes lisas pelas quais a pessoa sonhadora sobe, fachadas de casas sobre as quais ela desce, muitas vezes sob grande angústia, correspondem ao corpo humano ereto, e provavelmente repetem nos sonhos as reminiscências de uma criança pequena sendo erguida nos braços de seus pais, babás ou pais adotivos. Paredes "lisas" são homens. Muitas vezes, em um sonho de ansiedade, a pessoa que sonha se agarra com firmeza a alguma projeção na fachada de uma casa. Mesas, mesas postas e tábuas são mulheres, talvez pela antítese, uma vez que nos símbolos os contornos dos corpos femininos são eliminados. Visto que "cama e mesa" (*mensa et thorus*) constituem o casamento, a mesa amiúde ocupa o lugar da cama nos sonhos, e, na medida do possível, o complexo de apresentação sexual é transposto para o complexo alimentar. Quanto aos artigos de vestuário, o chapéu feminino pode, em geral, ser interpretado sem sombra de dúvida como o órgão genital masculino. Nos sonhos de homens, muitas vezes encontramos a gravata como símbolo do pênis; na verdade, isso não ocorre apenas porque as gravatas são alongadas, ficam penduradas e são características do vestir do homem, mas também porque o usuário pode escolhê-las à vontade, liberdade que é proibida pela natureza no aspecto original do símbolo. As pessoas que fazem uso desse símbolo nos sonhos têm uma extravagante predileção por gravatas e possuem vastas coleções da peça.

Nos sonhos, todas as máquinas e todos os aparelhos complicados são muito provavelmente órgãos genitais, em cuja descrição o simbolismo onírico se mostra tão incansável quanto o trabalho do chiste. Da mesma forma, nos sonhos, muitas paisagens, especialmente com pontes ou montanhas cobertas de vegetação, podem ser facilmente reconhecidas como descrições dos órgãos genitais. Por fim, quando encontramos neologismos incompreensíveis, podemos pensar em combinações constituídas por componentes com significado sexual. A presença de crianças nos sonhos também significa os órgãos genitais, já que homens e mulheres têm o hábito de se referir afetuosamente ao seu órgão genital como "meu pequeno" ou "minha pequena". Um símbolo muito recente do órgão genital masculino merece menção: o dirigível, cuja utilização é justificada por sua relação com o ato de voar, bem como, vez por outra, devido ao seu formato. Sonhar que se brinca com uma criança pequena ou sonhar em bater em uma criança é muitas vezes a representação do onanismo.

Vários outros símbolos, em parte ainda não suficientemente verificados, são fornecidos por Stekel, que os ilustra com exemplos. De acordo com ele, direita e esquerda devem ser concebidas, nos sonhos, em um sentido ético. "A via à direita significa sempre o caminho da retidão; a via à esquerda, o caminho para o crime. Assim, 'esquerda' pode significar homossexualidade, incesto e perversão, ao passo que 'direita' significa casamento, relações sexuais com uma prostituta etc. O significado é sempre determinado pelo ponto de vista moral individual do sonhador". Nos sonhos, os parentes geralmente desempenham o papel dos órgãos genitais. Na interpretação de Stekel, não conseguir alcançar uma carruagem significa um pesar por não poder compensar uma diferença de idade. A bagagem que um viajante carrega é o fardo do pecado que o oprime. Também quanto aos números, que ocorrem com frequência nos sonhos, Stekel atribui um significado simbólico fixo, mas essas interpretações não parecem ter sido suficientemente verificadas, tampouco parecem ter validade geral, embora a interpretação em casos individuais possa em geral ser reconhecida como plausível. Em um livro recém-publicado por W. Stekel, *Die Sprache des Traumes* [*A linguagem do sonho*], que não pude utilizar, há uma lista dos símbolos sexuais mais comuns, cujo objetivo é provar que todos os símbolos sexuais podem ser usados bissexualmente. Ele afirma: "Existe algum símbolo que (contanto que de alguma forma a fantasia permita) não possa ser empregado simultaneamente no sentido masculino e feminino?". Sem dúvida, a oração condicional entre parênteses elimina muito do caráter absoluto dessa afirmação, pois isso não é, de forma alguma, permitido pela fantasia. Não creio, contudo, que seja supérfluo afirmar que, de acordo com a minha experiência, a noção geral de Stekel tem de dar lugar ao reconhecimento de uma maior multiplicidade. Além desses símbolos, frequentes em igual medida nos órgãos genitais masculinos e femininos, há outros que designam de forma preponderante, ou quase exclusiva, um dos sexos, e há ainda outros em que apenas o significado masculino ou apenas o feminino é conhecido. De fato, a fantasia não permite a utilização de objetos e armas longos e firmes como símbolos dos órgãos genitais femininos, ou de objetos ocos (baús, bolsas etc.) como símbolos dos órgãos genitais masculinos. É verdade que a tendência do sonho e da fantasia inconsciente de utilizar o símbolo sexual bissexualmente trai uma característica arcaica, pois na infância a distinção nos órgãos genitais é desconhecida, e os mesmos órgãos genitais são atribuídos a ambos os sexos. Essas sugestões muito incompletas talvez sejam suficientes para estimular outros estudiosos a elaborarem uma lista mais cuidadosa.

Acrescentarei agora alguns exemplos da aplicação desses símbolos nos sonhos, que servirão para mostrar que se torna impossível interpretar um sonho sem levar em conta o simbolismo onírico, e como ele se intromete de modo obrigatório em muitos casos.

1. O chapéu como símbolo do homem (do órgão genital masculino)

(FRAGMENTO DO SONHO DE UMA JOVEM QUE, POR TER MEDO DA TENTAÇÃO, SOFRIA DE AGORAFOBIA)

"Estou caminhando pela rua no verão; uso um chapéu de palha de formato peculiar; cuja parte central é virada para cima e as laterais pendem para baixo [a descrição ficou obstruída neste ponto]*, de tal forma que um dos lados é mais baixo que o outro. Estou alegre e com um humor confiante e, ao passar por uma tropa de jovens policiais, penso comigo mesma: 'Nenhum de vocês pode ter segundas intenções a meu respeito'".* Como ela não conseguiu fazer nenhuma associação com o chapéu, eu lhe disse: *"O chapéu é na verdade um órgão genital masculino, com a parte central erguida e as duas partes laterais pendentes".*

De caso pensado, abstive-me de interpretar esses detalhes relativos à desigual inclinação para baixo das duas peças laterais pendentes, embora sejam precisamente essas individualidades nas determinações que apontam o caminho para a interpretação. Prossegui dizendo que, se ela tivesse apenas um homem com um genital tão viril, não teria de temer os policiais – isto é, não teria nada a desejar deles, visto que em decorrência de suas fantasias de tentação ela ficava impossibilitada de sair desacompanhada e sem proteção. Esta última explicação do seu medo eu já tinha conseguido dar a ela repetidas vezes, com base em outro material. É extraordinária a maneira como a sonhadora se comportou após essa interpretação. Ela retirou sua descrição do chapéu e alegou não ter dito que as duas peças laterais estavam penduradas para baixo. No entanto, eu tinha plena certeza do que ouvira para me permitir ser enganado, portanto insisti. Ela ficou em silêncio por algum tempo e, enfim, encontrou coragem para me perguntar por que um dos testículos do marido era mais baixo que o outro, e se a mesma coisa acontecia com todos os homens. Com a minha explicação do detalhe peculiar do chapéu, ela acabou aceitando toda a interpretação do sonho.

Eu já estava familiarizado com o simbolismo do chapéu muito antes de essa paciente me relatar seu sonho. A partir de outros casos, menos transparentes, fui levado a acreditar que o chapéu também pode representar o órgão genital feminino.

2. "Meu pequenino"/"minha pequenina" como órgão genital – ser atropelado como símbolo de relação sexual

(Outro sonho da mesma paciente agorafóbica)

"Sua mãe mandou a filhinha dela embora, de modo que a criança teve de seguir sozinha. Ela embarca em um trem com a mãe até a ferrovia e vê a filhinha caminhar diretamente até os trilhos, sendo impossível evitar que a criança seja atropelada. Ela ouve o estalar dos ossos da

menina. (A partir disso, ela tem uma sensação de desconforto, mas nenhum pavor verdadeiro.) Em seguida, olha pela janela do vagão do trem, para verificar se as partes não podem ser vistas por trás. Depois, repreende a mãe por ter mandado a pequenina embora sozinha."

Análise: não é tarefa fácil dar aqui uma interpretação completa do sonho, pois faz parte de um ciclo de sonhos, e só pode ser plenamente compreendido em conexão com os outros. É difícil obter o material necessário, com suficiente isolamento, para provar o simbolismo. De início, a paciente descobre que a viagem de trem até a ferrovia deve ser interpretada historicamente como uma alusão à sua saída de um sanatório (para o tratamento de doenças nervosas), por cujo superintendente ela estava decerto apaixonada. Sua mãe a levou embora desse lugar, e no dia de sua partida o médico foi até a estação ferroviária e lhe entregou um buquê de flores; ela se sentiu incomodada porque sua mãe presenciou essa homenagem. Aqui a mãe aparece, portanto, como um elemento que atrapalhava seus casos amorosos e, de fato, era o papel que essa rigorosa mulher desempenhara durante a adolescência da filha. O pensamento seguinte estava associado à frase: *"Em seguida, ela olha pela janela do vagão do trem para verificar se as partes não podem ser vistas por trás"*. Na fachada do sonho, naturalmente seríamos levados a pensar nas partes do corpo mutilado da filhinha atropelada. O pensamento, porém, toma uma direção bem diferente. Ela se lembra de que certa vez viu o pai nu, por trás, no banheiro, e então começa a falar sobre a diferença sexual e afirma que os órgãos genitais do homem podem ser vistos por trás, mas os da mulher, não. Acerca disso, ela própria oferece a interpretação de que "a filhinha" significava o órgão genital, e a sua "pequenina" (a paciente tem uma filha de 4 anos) é a sua própria genitália. Ela repreende a mãe por querer que ela viva como se não tivesse órgãos genitais e reconhece essa mesma reprovação na frase introdutória do sonho: *"Sua mãe mandou a filhinha dela embora, de modo que a criança teve de seguir sozinha"*. Em sua fantasia, andar sozinha pelas ruas significa não ter um homem nem ter relações sexuais (do latim *coire*, "junto", "em companhia", "reunir-se", que originou a palavra "coito"), e disso ela não gosta. Segundo todos os seus depoimentos, quando menina ela sofreu um bocado por causa do ciúme da mãe, pois demonstrava preferência pelo pai.

O "pequenino" e a "pequenina" foram apontados como símbolos dos órgãos genitais masculinos ou femininos por Stekel, aos quais se refere, neste contexto, a um uso bastante amplo da linguagem. A interpretação mais profunda deste sonho específico depende de outro sonho da mesma noite, em que a sonhadora se identifica com o irmão. Ela era uma "moleca", uma menina com características masculinizadas, e sempre ouvia que deveria ter nascido menino. Essa identificação com o irmão mostra com especial clareza que "a pequenina" representa o órgão genital. A mãe ameaçava o irmão (ou a menina) de castração, o que só poderia ser entendido como um castigo por brincar com suas partes íntimas, e a identificação, portanto, mostra que ela mesma se masturbava quando criança, embora esse fato agora estivesse preservado em sua memória apenas como algo relativo ao irmão. De acordo com as afirmações desse segundo sonho, em uma idade bastante precoce ela adquiriu conhecimento sobre o órgão genital masculino, do qual mais tarde se esqueceu. Além disso, o segundo sonho aponta para a teoria sexual infantil de que as meninas se originam dos meninos por meio da castração. Depois que lhe contei sobre essa crença infantil, ela imediatamente a confirmou com uma anedota em que um menino pergunta a uma menina: "Foi cortado?", ao que a menina responde: "Não, sempre foi assim". Portanto, mandar embora a pequenina (o genital) no primeiro sonho refere-se, também, à ameaça de castração. Por fim, ela culpa a mãe por não ter nascido menino. O fato de que "ser atropelada" simboliza a relação sexual não seria evidente neste sonho se não tivéssemos certeza disso com base em muitas outras fontes.

3. Representação dos órgãos genitais por estruturas, escadas e poços
(Sonho de um jovem inibido por um complexo paterno)

"Ele está passeando com o pai em um lugar que certamente é o Wurstelprater [Parque Prater, em Viena], pois avista-se a Rotunda, em frente à qual há uma pequena estrutura frontal em que está amarrado um balão cativo; o balão, porém, parece bastante flácido e murcho. O pai lhe pergunta para que serve tudo aquilo; apesar de surpreso, ele explica ao pai. Eles entram em um pátio onde se deparam com uma grande folha de flandres [uma fina chapa de ferro laminado, coberta com uma camada de estanho] *estendida. O pai quer arrancar um considerável pedaço dela, mas primeiro olha em volta para ver se há alguém observando. Ele diz ao*

pai que basta falar com o vigia e então poderá pegar, sem o menor problema, o pedaço que bem quisesse. Do outro lado do pátio, uma escada desce até um poço, cujas paredes são acolchoadas por um material macio, feito uma carteira de couro. Na extremidade desse poço há uma plataforma mais extensa, e então começa um novo poço."

Análise: este sonho pertence a um tipo de paciente que não é favorável do ponto de vista terapêutico. Submetidos à análise, esses pacientes não oferecem nenhuma resistência até certo ponto, mas a partir daí permanecem quase inacessíveis. O rapaz analisou esse sonho quase sozinho. A "Rotunda", disse ele, "é meu órgão genital, o balão cativo na frente é meu pênis, cuja flacidez me preocupa". Devemos, no entanto, interpretar em maior grau de detalhe; a Rotunda são as nádegas, que as crianças costumam associar aos órgãos genitais; a estrutura frontal menor é o saco escrotal. No sonho, o pai do rapaz lhe pergunta para que serve tudo aquilo – isto é, sobre a finalidade e a disposição dos órgãos genitais. É bastante evidente que esse estado de coisas deveria ser invertido, e que ele (o sonhador) é quem deveria fazer as perguntas. Como na realidade ele nunca fez essas indagações ao pai, devemos conceber o pensamento onírico como um desejo, ou interpretá-lo como uma oração condicional, nos seguintes termos: "*Se* eu tivesse pedido ao meu pai esclarecimentos sobre coisas sexuais". Em breve, encontraremos a continuação desse pensamento em outro trecho do sonho.

O pátio onde está estendida a folha de flandres não deve ser entendido simbolicamente em uma primeira instância, mas deriva do local de trabalho do pai. Por motivos de discrição, inseri a folha de flandres em substituição a outro material com o qual o pai lida, sem, contudo, alterar nada na expressão verbal do sonho. O rapaz sonhador havia entrado no estabelecimento do pai e passou a ter uma terrível aversão às práticas questionáveis, das quais dependia a maior parte dos lucros da empresa. Portanto, a continuação do pensamento onírico mencionado ("Se eu tivesse perguntado a ele") seria "Ele teria me enganado, assim como engana seus clientes". Quanto a arrancar um naco da folha de flandres, que serve para representar a desonestidade comercial do pai, o próprio sonhador dá uma segunda explicação – a saber, o onanismo. Eu não apenas estava inteiramente familiarizado com essa leitura, como ela condiz muito bem com o fato de que o caráter secreto da masturbação é expresso pelo seu inverso ("Porque alguém pode praticar isso abertamente"). Ademais, concorda inteiramente com as nossas expectativas de que a atividade masturbatória seja novamente atribuída ao pai, tal como aconteceu com a pergunta na primeira cena do sonho. O rapaz imediatamente interpretou o poço como uma vagina, referindo-se ao revestimento macio das paredes. Também constatei, com base em outros casos, que o ato de coito na vagina é descrito como uma descida, em vez de subida (que é a maneira usual).[II]

O próprio rapaz que teve o sonho deu uma explicação biográfica para os detalhes de que no fim do primeiro poço via-se uma plataforma mais alongada e depois um novo poço. Havia algum tempo ele tivera relações sexuais com mulheres, mas depois desistiu por causa de inibições e, agora, com a ajuda do tratamento, esperava retomar esses relacionamentos O sonho,

---

II Cf. *Zentralblatt für Psychoanalyse*, v. i.

porém, torna-se mais vago no fim, e para o intérprete experiente fica evidente que, em sua segunda cena, a influência de outro sujeito começa a se afirmar; os negócios do pai e suas práticas desonestas significam a primeira vagina representada como um poço, de modo que podemos pensar que isso aponta para uma referência à mãe do sonhador.

4. O genital masculino simbolizado por pessoas; o feminino, por uma paisagem
(SONHO DE UMA MULHER DE CLASSE BAIXA, CUJO MARIDO É POLICIAL, RELATADO POR B. DATTNER)

"Então alguém invadiu a casa e, sobressaltada, chamei um policial. Mas ele entrou junto com dois vagabundos, por consentimento mútuo, em uma igreja[III], à qual se chegava subindo muitos degraus[IV]. Atrás da igreja havia uma montanha,[V] no topo da qual se via um denso bosque[VI]. O policial estava equipado com capacete, gorjal e capa[VII]. Os dois vagabundos, que acompanhavam o policial de

---

III Ou capela (= vagina).
IV Símbolo da cópula, do coito.
V *Mons veneris*.
VI *Crines púbis* (pelos pubianos).
VII Demônios com mantos e capuzes, de acordo com a explicação de um homem versado no assunto, são de natureza fálica.

forma bastante pacífica, usavam aventais semelhantes a sacos amarrados nos flancos[VIII]. Uma estradinha levava da igreja à montanha. Ambos os seus lados estavam cobertos de grama e mato, que se tornava cada vez mais espesso à medida que chegava perto do cume da montanha, onde se espalhava em uma imensa floresta."

5. Um sonho com escadas
(Relatado e interpretado por Otto Rank)[33]

Pelo seguinte sonho de polução transparente, estou em dívida de gratidão para com o mesmo colega que nos forneceu o sonho de irritação dental:

"Desço correndo a escadaria da casa de dois andares, perseguindo uma garotinha, a quem desejo punir porque ela aprontou alguma coisa comigo. Ao pé da escada, alguém (uma mulher adulta?) segura a criança para mim. Eu a agarro, mas não sei se consigo bater nela, pois de repente me vejo no meio da escada, copulando com a menina (no ar, por assim dizer). A bem da verdade não é uma cópula, eu apenas esfrego meu órgão genital na parte externa da genitália dela e, enquanto faço isso, vejo tudo com muita

---

VIII As duas metades do escroto.

nitidez, com a mesma nitidez com que vejo a cabeça dela, que está virada de lado. Durante o ato sexual, vejo pendurados à esquerda e acima de mim (também como se estivessem no ar) dois pequenos quadros, pinturas de paisagens, representando uma casa em um descampado. No menor deles, meu sobrenome está no lugar em que deveria aparecer a assinatura do pintor; a pintura parece destinada a ser meu presente de aniversário. Uma pequena placa pendurada na frente dos quadros informa que também é possível obter quadros mais baratos. Em seguida, vejo a mim mesmo, muito vagamente, deitado na cama, tal como me vi ao pé da escada, e sou acordado por uma sensação de umidade decorrente da polução."

Análise: na noite da véspera ao sonho, o sonhador havia ido a uma livraria, onde, enquanto esperava, examinou alguns quadros que lá estavam expostos e que representavam motivos semelhantes aos do sonho. Ele se aproximou de um pequeno quadro, que lhe agradou em especial, a fim de ver o nome do artista, que, no entanto, lhe era totalmente desconhecido. Mais tarde, nessa mesma noite, na companhia de amigos, ouviu falar de uma criada da Boêmia que se gabava de que seu filho ilegítimo fora "feito na escada". O sonhador pediu pormenores desse inusitado acontecimento e soube que a criada levou o amante até a casa dos pais dela, onde não houve oportunidade para consumar as relações sexuais, e que o homem, por demais excitado, consumou o ato na escada. Em uma espirituosa alusão à maliciosa expressão sobre os falsificadores de vinho, o sonhador observou: "A criança realmente brotou nos degraus da adega". Essas experiências do dia anterior, bastante destacadas no conteúdo do sonho, foram prontamente reproduzidas pelo sonhador. Mas ele reproduziu, com a mesma facilidade, um antigo fragmento de uma reminiscência infantil, também utilizado pelo sonho. A escada fazia parte da casa de dois andares na qual ele passara a maior parte da infância e onde pela primeira vez tomou conhecimento das questões sexuais. Nessa casa, ele costumava, entre outras coisas, descer pelo corrimão com as pernas escarranchadas, o que despertava nele excitação sexual. No sonho, ele também desce as escadas muito rapidamente – tão velozmente que, de acordo com suas próprias declarações inequívocas, ele mal roçava os degraus individuais, mas antes "voava" ou "deslizava" escada abaixo, como costumávamos dizer. Levando-se em conta a referência a essa experiência infantil, o início do sonho parece representar o fator da excitação sexual. Na mesma casa e na residência adjacente, o sonhador participava de lutas e brincadeiras físicas com as crianças vizinhas, atividades nas quais se satisfazia da mesma forma que no sonho. Tendo em mente a investigação de Freud sobre o simbolismo sexual,[IX] em que sonhar com escadas ou subir escadas simboliza quase sempre o coito, a interpretação desse sonho torna-se transparente. A sua força motriz, bem como o seu efeito, como é demonstrado pela poluição, é de natureza puramente libidinal. A excitação sexual foi despertada durante o estado de sono (o que no sonho é representado pela rápida corrida ou deslizamento pelas escadas) e o fio sádico nisso é, com base nas brincadeiras belicosas, indicado por ele perseguir e dominar a menina. A excitação libidinosa aumenta e

---

IX Cf. *Zentralblatt für Psychoanalyse*, v. I.

impulsiona a ação sexual (representados no sonho por ele agarrar a menina e levá-la até o meio da escada). Até esse ponto, o sonho seria de puro simbolismo sexual e obscuro para o intérprete de sonhos inexperiente. Mas essa satisfação simbólica, que teria assegurado um sono tranquilo, não foi suficiente para a poderosa excitação libidinosa. A excitação leva ao orgasmo e, assim, todo o simbolismo da escada é desmascarado como um substituto para o coito. Freud enfatiza o caráter rítmico de ambas as ações como uma das razões para a utilização sexual do simbolismo da escada, com o que esse sonho parece corroborar especialmente, pois, segundo a afirmação expressa do sonhador, o ritmo do ato sexual – e seu movimento para cima e para baixo – foi a característica mais marcante de todo o sonho. Ainda outra observação acerca dos dois quadros, que, além do seu significado real, também têm o valor de *Weibsbilder* (literalmente, "quadros de mulheres" – expressão idiomática corriqueira na língua alemã para designar "mulheres"). Isso é imediatamente demonstrado pelo fato de que o sonho trata de um quadro grande e de um pequeno, assim como o conteúdo do sonho apresenta uma menina grande (mulher adulta) e uma menina pequena. O fato de que "também é possível obter quadros mais baratos" aponta para o complexo de prostituição, assim como o sobrenome do sonhador no quadro menor e o pensamento de que a pintura se destinaria a ser seu presente de aniversário são indícios de complexo paterno ("nascer na escada" – "ser concebido na cópula").

A obscura cena final, em que o sonhador vê a si mesmo no patamar da escada, deitado na cama e sentindo-se molhado, parece remontar à infância, muito além do onanismo infantil, e, lógico, tem seu protótipo em cenas igualmente prazerosas de fazer xixi na cama.

6. Um sonho com escada modificado

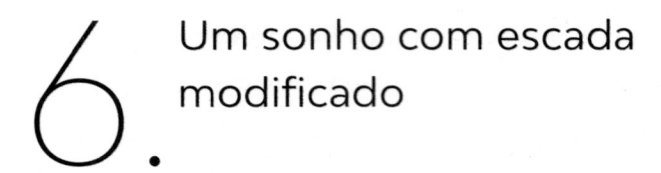

Para um de meus pacientes, um homem muito nervoso, que era abstêmio, tinha fantasias fixas com a mãe e sonhava repetidamente estar subindo escadas acompanhado dela, certa vez comentei que a masturbação em doses moderadas seria menos prejudicial para ele do que a abstinência sexual autoimposta. Essa influência desencadeou o seguinte sonho:

> *"Seu professor de piano o repreende por negligenciar a forma de tocar piano e por não praticar os* Études, *de Moscheles, e o* Gradus ad Parnassum, *de Clementi".* Em relação a isso, ele observou que o Gradus é apenas uma série de *"degraus"*, e que o próprio teclado do piano é apenas uma espécie de escada, porque tem escalas.

É correto afirmar que inexiste uma série de associações que não possa ser adaptada à representação de fatos sexuais. Concluo com o sonho de um jovem químico que vem tentando abandonar o hábito da masturbação, substituindo-o por relações sexuais com mulheres.

Declaração preliminar: no dia anterior ao sonho, ele dera instruções a um de seus alunos sobre a reação de Grignard,[34] na qual o magnésio tem de ser dissolvido em éter absolutamente puro, sob a influência catalítica do iodo. Dois dias antes, no decorrer dessa mesma reação, ocorreu uma explosão na qual um dos químicos queimou a mão.

Sonho 1. *"Ele deve produzir brometo de fenilmagnésio; ele vê o aparelho com particular clareza, mas substitui o magnésio por si mesmo. Agora, está em um curioso estado oscilatório, em que fica repetindo para si mesmo: 'Esta é a coisa certa, está funcionando, meus pés estão começando a se dissolver e meus joelhos estão ficando moles'. Então, ele se abaixa e estica os braços para apalpar os pés e, enquanto isso (ele não sabe como), tira as pernas de dentro do cadinho e novamente diz para si mesmo: 'Isso não pode estar certo... Sim, mas deve ser assim, deve ser assim, foi feito corretamente'.* Em seguida, ele acorda parcialmente e, semiadormecido, repete o sonho para si mesmo, porque quer contá-lo para mim. É evidente que ele tem medo da análise do sonho, fica muito agitado durante esse instável estado de semissono e repete continuamente: "Fenil, fenil".

Sonho 2. *"Ele está com a família inteira; são onze e meia, e deveria estar na Estação Schottenthor para se encontrar com certa dama, mas só acordou às onze e meia. Ele diz para si mesmo: 'Agora é tarde demais; até chegar lá já será meio-dia e meia'. No instante seguinte, ele vê com particular nitidez toda a família reunida em torno da mesa: sua mãe e a criada com a terrina de sopa. Então, ele diz para si mesmo: 'Bem, se já estamos almoçando, certamente não conseguirei escapar'."*

Análise: ele tem certeza de que no primeiro sonho também há uma referência à dama com quem ele se encontrará (o sonho ocorreu na noite anterior ao esperado *rendez-vous*). O aluno a quem ele deu as instruções é um sujeito particularmente desagradável; ele havia dito ao jovem aspirante a químico: "Isto não está certo", porque o magnésio ainda não havia dado sinais de ter sido afetado, e o aluno respondeu com indiferença, como se não se desse a mínima: "Sim, sem dúvida, não está certo". O aluno deve ser a representação do próprio paciente; ele é tão indiferente em relação à sua análise quanto o estudante à sua síntese; o "ele" do sonho, porém, o que realiza a operação, sou eu mesmo. Como ele devia parecer desagradável a meus olhos por ser tão indiferente diante do sucesso alcançado! Ademais, o paciente é o material com o qual é feita a análise (a síntese), pois estava em jogo o êxito do tratamento. As pernas do sonho são um resquício de uma impressão da noite anterior. Em uma aula de dança, ele se encontrou com uma mulher a quem desejava conquistar; ele a puxou várias vezes para junto de si, apertando-a com tanta força que, em dado momento, ela gritou. Depois que parou de pressionar as pernas dela, ele sentiu que a mulher respondeu fazendo firme pressão contra a parte inferior das coxas dele, descendo até logo acima dos joelhos, no ponto mencionado no sonho. Nessa situação, então, a mulher é o magnésio na observação de que as coisas finalmente estão funcionando. O sonhador é feminino em relação a mim, assim como é masculino com a mulher. Se está funcionando com a mulher, o tratamento também funcionará. Apalpar a região dos joelhos e tomar consciência dessa parte do próprio corpo remete à masturbação e corresponde ao cansaço do dia anterior... O encontro com a mulher estava de fato marcado para onze e meia. Seu desejo de faltar ao encontro – dormindo além da conta – e de permanecer com seus objetos sexuais habituais (isto é, com a masturbação) corresponde à sua resistência.

CAPÍTULO 6

O DESEJO NOS
SONHOS

Sem dúvida, o fato de os sonhos não serem nada além da realização de um desejo parecia estranho a todos nós – e isso não apenas por causa das contradições apresentadas pelos sonhos de ansiedade.

Depois que as primeiras explicações analíticas nos ensinaram que por trás dos sonhos ocultam-se um significado e um valor psíquico, nem de longe estávamos preparados para esperar que esse significado fosse simples. Segundo a definição de Aristóteles – correta, mas insuficiente de tão concisa –, o sonho é o pensamento que persiste durante o estado de sono (contanto que a pessoa durma). Considerando-se que durante o dia nossos pensamentos produzem uma gama tão variada de atos psíquicos – julgamentos, conclusões, contradições, expectativas, intenções etc. –, por que deveriam nossos pensamentos adormecidos serem obrigados a se restringirem apenas à produção de desejos? Não existem, pelo contrário, inúmeros sonhos que apresentam um ato psíquico diferente em forma de sonho – por exemplo, uma preocupação? E o sonho muito transparente do pai não é exatamente dessa natureza? Pelo clarão de luz que lhe incide sobre os olhos durante o sono, o pai chega à preocupada conclusão de que uma vela havia caído e poderia ter incendiado o cadáver; ele transforma essa conclusão em sonho, investindo-a com uma situação dotada de significado e ocorrida no tempo presente. Qual é o papel que a realização do desejo desempenha neste sonho, e do que devemos suspeitar: da influência predominante do pensamento que continuou da vigília ou do pensamento incitado pela nova impressão sensorial?

Todas essas considerações são justas e nos forçam a examinar mais profundamente o papel desempenhado nos sonhos pela realização do desejo e o significado dos pensamentos da vida de vigília que continuam durante o sono.

Na verdade, a realização do desejo já nos induziu a separar os sonhos em dois grupos. Encontramos alguns sonhos que eram claramente a realização de desejos; e outros em que era impossível reconhecer a realização do desejo e nos quais esse processo era amiúde disfarçado por todos os meios disponíveis. Nesta última categoria de sonhos, reconhecemos a influência da censura onírica. Os sonhos de desejo indisfarçados foram encontrados, sobretudo, nas crianças, mas os sonhos de desejo sinceros e fugazes *pareceram* (enfatizo propositadamente essa palavra) ocorrer também em adultos.

Podemos agora perguntar de onde se originam os desejos que se realizam nos sonhos. Mas a que oposição ou a que diversidade atribuímos esse "de onde"? Penso que se trata da oposição entre a vida cotidiana consciente e uma atividade psíquica que permanece inconsciente e que só se pode fazer notar durante a noite. Encontro, assim, uma possibilidade tríplice para a origem de um desejo. Na primeira origem possível, o desejo é despertado durante o dia e, devido a circunstâncias externas, não encontra satisfação, restando, assim, para a noite um desejo reconhecido, mas não realizado. Na segunda possibilidade, o desejo pode vir à tona durante o dia, mas é rejeitado; resta um desejo não realizado e reprimido. Ou, na terceira possibilidade, o desejo pode não ter qualquer relação com a vida cotidiana e pertencer aos desejos que se originam durante a noite a partir da supressão. Se seguirmos agora o nosso esquema do aparelho psíquico, poderemos localizar os desejos de primeira ordem no sistema *Pcs.* (pré-consciente). Poderemos presumir que os desejos de segunda ordem foram forçados a recuar do sistema *Pcs.* para o sistema *Ics.* (inconsciente), único lugar em que conseguem continuar a existir, se tanto; quanto aos sentimentos de desejo de terceira ordem, consideramos que são totalmente incapazes de deixar o sistema *Ics*. Isso suscita a questão de saber se os desejos que surgem dessas diferentes fontes têm o mesmo valor para o sonho e se têm o mesmo poder de incitar um sonho.

Ao examinarmos os sonhos que temos à nossa disposição para responder a essa questão, somos imediatamente levados a acrescentar, como quarta fonte dos desejos oníricos, os verdadeiros estímulos ao desejo que surgem durante a noite, por exemplo, a sede e o desejo sexual. Torna-se, então, evidente que a fonte/origem dos desejos oníricos não afeta a sua capacidade de instigar um sonho. O fato de que um desejo reprimido durante o dia se afirma no sonho pode ser demonstrado por muitos exemplos. Mencionarei um sonho muito simples desse tipo. Uma jovem um tanto sarcástica, cuja amiga, alguns anos mais nova, acaba de ficar noiva, é indagada ao longo do dia por conhecidos se conhece o noivo e o que pensa dele. Ela responde apenas com elogios incondicionais, silenciando, assim, o seu próprio julgamento, pois, na verdade, o rapaz era uma pessoa das mais banais. Na noite seguinte, ela sonha que lhe fazem as mesmas perguntas e que ela responde com uma fórmula: *"No caso de repetição de pedidos, bastará mencionar o número"*. Por fim, aprendemos por meio de numerosas análises que, em todos os sonhos que foram sujeitos a distorção, o desejo brotou do inconsciente e não foi capaz de alcançar a percepção no estado de vigília. Destarte, todos os desejos parecem ter o mesmo valor e força para a formação dos sonhos.

Neste momento, não sou capaz de provar que a situação seja de fato diferente, mas estou fortemente inclinado a presumir uma determinação mais rigorosa para o sonho de desejo.

Os sonhos infantis não deixam dúvida de que um desejo não realizado durante o dia pode fazer as vezes de instigador do sonho. Mas não devemos nos esquecer de que, afinal de contas, é o desejo de uma criança, que é apenas um impulso de desejo com a intensidade típica das crianças. Tenho fortes dúvidas sobre se um desejo não realizado durante o dia teria força suficiente para criar um sonho em um adulto. Antes, parece-me que, à medida que aprendemos a controlar os nossos impulsos por meio da atividade intelectual, cada vez mais rejeitamos, por ser inútil, a formação ou retenção de desejos intensos que são tão naturais na infância. Nisso, de fato, pode haver variações individuais; algumas pessoas conservam por mais tempo que outras o tipo infantil de processos psíquicos. As diferenças são as mesmas que encontramos no gradual declínio da imaginação visual, originalmente muito vívida nos primeiros anos de vida.

Em geral, porém, sou da opinião de que os desejos não realizados do dia são insuficientes para produzir um sonho nos adultos. Admito prontamente que os instigadores de desejos originados no consciente contribuem para a incitação dos sonhos, mas provavelmente nada além disso. O sonho não teria origem se o desejo pré-consciente não fosse reforçado por outra fonte.

Essa fonte é o inconsciente. Acredito que o desejo consciente só consegue ser um instigador de sonhos se conseguir despertar um desejo inconsciente de teor semelhante e dele obter reforço. Seguindo as sugestões obtidas por meio da psicanálise das neuroses, acredito que esses desejos inconscientes estão sempre ativos, em alerta e prontos para a qualquer momento se expressarem, sempre que encontram oportunidade de se unir a uma emoção da vida consciente, e que transferem sua maior intensidade para a intensidade menor deste último.¹ Portanto, pode parecer que apenas o desejo consciente foi realizado em um sonho; mas uma ligeira peculiaridade na formação desse sonho nos colocará no caminho do poderoso aliado oriundo do inconsciente. Esses desejos sempre ativos e, por assim dizer, imortais do inconsciente fazem lembrar os lendários Titãs, que, desde tempos imemoriais, suportam o peso das maciças montanhas que um dia foram arremessadas por cima deles pelos deuses vitoriosos, e que ainda hoje vez por outra estremecem, nos abalos resultantes das convulsões de seus poderosos membros. Afirmo que esses desejos encontrados na repressão são, em si, de origem infantil, como aprendemos com a investigação psicológica das neuroses. Eu gostaria, portanto, de retirar a opinião anteriormente expressa, de que a origem dos desejos oníricos é irrelevante, e substituí-la pela seguinte: o desejo que é manifestado no sonho tem de ser um desejo infantil. No adulto, origina-se no inconsciente, ao passo que, na criança, na qual ainda não existe separação e censura entre o pré-consciente e o inconsciente, ou quando essa divisão está apenas em processo

---

1 Compartilham esse caráter de indestrutibilidade com todos os atos psíquicos realmente inconscientes, ou seja, os atos psíquicos que pertencem apenas ao sistema do inconsciente. Esses caminhos estão constantemente abertos e nunca caem em desuso; conduzem a descarga do processo de excitação todas as vezes que se tornam dotados da excitação inconsciente. Em termos metafóricos, sofrem a mesma forma de aniquilamento que os mortos do mundo subterrâneo na *Odisseia*, que despertavam para uma nova vida no momento em que bebiam sangue. Os processos que dependem do sistema pré-consciente são indestrutíveis de maneira diferente. A psicoterapia da neurose baseia-se nessa diferença.

de formação, é um desejo não realizado e não recalcado do estado de vigília. Estou ciente de que não se pode comprovar que essa concepção tenha validade geral; no entanto, afirmo que com frequência é possível demonstrá-la, mesmo quando não se suspeita dela, e que não pode ser *refutada* de forma geral. Os sentimentos de desejo que permanecem do estado de vigília consciente são, portanto, relegados a uma posição de segundo plano na formação do sonho. No conteúdo onírico, atribuirei a eles apenas a parte conferida ao material das sensações reais durante o sono. Se eu agora levar em conta aquelas outras instigações psíquicas remanescentes do estado de vigília que não são desejos, apenas me aferrarei à rota traçada para mim por essa linha de raciocínio. Quando decidimos ir dormir, somos capazes de encerrar temporariamente a soma de energia dos nossos pensamentos de vigília. Dormirá bem o indivíduo que conseguir fazer isso. Napoleão I tinha a reputação de ter sido um modelo desse tipo, mas nem sempre conseguimos realizá-lo ou realizá-lo à perfeição. Problemas por resolver, preocupações persistentes e um volume avassalador de impressões dão continuidade à atividade do pensamento mesmo durante o sono, mantendo os processos psíquicos no sistema que denominamos *Pcs.* (pré-consciente). Esses processos mentais que persistem durante o sono podem ser divididos nos seguintes grupos: (1) aqueles que não foram interrompidos durante o dia devido a algum impedimento fortuito; (2) aqueles que ficaram inacabados pela paralisia temporária da nossa capacidade mental, ou seja, o que não foi resolvido; (3) aqueles que foram rejeitados e suprimidos durante o dia; estes se aliam ao poderoso grupo (4), formado por aqueles que foram ativados em nosso inconsciente durante o dia pelo trabalho do pré-consciente; por fim, podemos acrescentar o grupo (5), que consiste nas impressões indiferentes – portanto, não resolvidas – do dia. Não devemos subestimar as intensidades psíquicas introduzidas no sono por esses resquícios da vida de vigília, especialmente aqueles que emanam do grupo dos desejos não resolvidos. Essas excitações certamente continuam a lutar para se expressar durante a noite, e podemos presumir, com igual certeza, que o estado de sono impossibilita a continuação habitual do processo de excitação no pré-consciente e o término da excitação ao se tornar consciente. Até o ponto em que pudermos normalmente tomar consciência de nossos processos de pensamento, mesmo durante a noite, não estamos dormindo.

Não me aventurarei a afirmar que mudanças são produzidas pelo estado de sono no sistema pré-consciente, mas não há dúvida de que o caráter psicológico do sono se deve essencialmente à mudança de energia nesse mesmo sistema, que também domina o poder de motilidade, paralisada durante o sono. Em contraste com isso, parece não haver nada na psicologia do sonho que justifique a suposição de que o sono produz quaisquer alterações, exceto secundárias, nas condições do sistema inconsciente. Assim, para a excitação noturna na força não resta outro caminho senão aquele seguido pelas excitações de desejo provenientes do inconsciente. Essas excitações devem buscar reforço no inconsciente e seguir os desvios das excitações inconscientes. Mas qual é a relação entre os resíduos pré-conscientes diurnos e o sonho? Não há dúvida de que penetram em abundância sonho adentro, que utilizam o conteúdo onírico para se intrometerem na consciência mesmo durante a noite; na verdade, de tempos em tempos até mesmo dominam o conteúdo do sonho e o impelem a dar prosseguimento ao trabalho do dia. Também é certo que os restos do dia podem ter um caráter tão diferente quanto o dos desejos, mas é altamente instrutivo – e até mesmo decisivo para a teoria da realização de desejos – ver quais condições eles têm de cumprir para serem recebidos no sonho.

Retomemos como exemplo um dos sonhos já citados, a saber, o sonho em que meu amigo Otto parece apresentar os sintomas da doença de Graves [uma forma de hipertireoidismo]. A aparência do meu amigo me causou certa preocupação durante o dia, e essa preocupação, como tudo o mais que se referia a ele, me afetou. Posso, também, presumir que esses sentimentos me acompanharam sono adentro. Eu provavelmente estava empenhado em descobrir o que havia de errado com ele. Durante a noite, minha preocupação encontrou expressão no sonho que descrevi, cujo conteúdo não apenas era sem sentido, como também não demonstrava qualquer realização de desejo. Mas comecei a investigar a origem dessa expressão incongruente da preocupação que senti durante o dia, e a análise revelou a ligação. Identifiquei meu amigo Otto como um certo Barão L. e eu mesmo como um certo Professor R. Só havia uma explicação para eu ter sido impelido a selecionar apenas essa substituição para o pensamento do dia. Eu devia ter sempre estado preparado no inconsciente a me identificar com o Professor R., pois essa identificação significava a realização de um dos desejos imortais da infância, a saber, o de me tornar uma pessoa grande. Ideias repulsivas a respeito do meu amigo, que certamente teriam sido repudiadas no estado de vigília, aproveitaram a oportunidade para se imiscuir no sonho, mas a preocupação diurna também encontrou alguma forma de expressão por meio de uma substituição no conteúdo do sonho. O pensamento diurno, que não era um desejo em si, mas, sim, uma preocupação, de alguma forma teve de encontrar uma conexão com o desejo infantil agora inconsciente e reprimido, o que lhe permitiu, então, embora já devidamente modificado e preparado, "originar-se" na consciência. Quanto mais dominante for essa preocupação, mais forte deverá ser a conexão a ser estabelecida; entre o conteúdo do desejo e o da preocupação não há necessidade de haver ligação, tampouco nenhuma associação desse tipo estava presente nos nossos exemplos.

Agora somos capazes de definir com precisão o papel desempenhado nos sonhos pelo desejo inconsciente. Posso admitir que existe toda uma classe de sonhos em que a instigação se origina, de forma preponderante ou até mesmo exclusiva, dos resquícios da vida cotidiana; e acredito que até mesmo meu acalentado desejo de me tornar, em algum momento futuro, um *"professor extraordinarius"* teria me permitido dormir um sono tranquilo naquela noite, se minha preocupação com a saúde de meu amigo ainda não estivesse ativa. Porém, essa preocupação por si só não teria produzido um sonho; a força motriz necessária ao sonho tinha de contar com a contribuição de um desejo, e cabia à preocupação obter para si um desejo que agisse como força propulsora do sonho.

Para falar em termos figurativos, é bem possível que um pensamento diurno desempenhe no sonho o papel de um empreiteiro (empreendedor). Porém, como se sabe, não importa que ideia o empreiteiro tenha em mente, e por mais desejoso que ele esteja de colocá-la em prática, nada pode realizar sem capital. Ele deve depender de um capitalista para custear as despesas necessárias, e esse capitalista, que fornece as despesas psíquicas para o sonho, é invariável e indiscutivelmente um desejo oriundo do inconsciente, seja qual for a natureza do pensamento ocorrido no estado de vigília. Noutros casos, o próprio capitalista é o empreiteiro do sonho; este, de fato, parece ser o caso mais comum. Um desejo inconsciente é produzido pelo trabalho diário, que, por sua vez, cria o sonho. Além disso, os processos oníricos correm em paralelo com todas as outras possibilidades da relação econômica aqui utilizadas como ilustração. Assim, o próprio empreendedor pode contribuir com algum capital, ou vários empreendedores podem procurar a ajuda do mesmo capitalista, ou, ainda, vários capitalistas podem se reunir e fornecer conjuntamente o capital de que o empreendedor necessita.

Dessa forma, há sonhos produzidos por mais de um desejo onírico, e muitas variações semelhantes que podem facilmente ser ignoradas e não nos interessam mais. O que deixamos inacabado nessa discussão dos desejos oníricos poderemos desenvolver mais tarde. O *tertium comparationis*[35] nas comparações que acabamos de empregar – ou seja, a soma colocada à nossa livre disposição em uma distribuição adequada – admite uma aplicação ainda mais refinada para a ilustração da estrutura do sonho. Podemos reconhecer na maioria dos sonhos um ponto central especialmente marcado por perceptível intensidade. Esse ponto central é, normalmente, a representação direta da realização do desejo; pois, se desfizermos os deslocamentos do trabalho do sonho por um processo de retrogressão, constataremos que a intensidade psíquica dos elementos dos pensamentos oníricos é substituída pela intensidade perceptível dos elementos no conteúdo onírico. Os elementos adjacentes à realização do desejo muitas vezes nada têm a ver com o seu sentido, mas revelam-se como derivados de pensamentos dolorosos que se opõem ao desejo. Contudo, devido à sua ligação o mais das vezes artificial com o elemento central, adquiriram intensidade suficiente para lhes permitir chegar à expressão nos sonhos. Assim, a força de expressão da realização do desejo se difunde por determinada esfera de associação, dentro da qual todos os elementos – inclusive aqueles que são em si impotentes – adquirem a capacidade de se expressar. Nos sonhos com vários desejos fortes, podemos facilmente separar as esferas das diferentes realizações de desejos individuais; as lacunas no sonho também podem muitas vezes ser explicadas como zonas fronteiriças ou limítrofes.

Embora as observações anteriores tenham limitado consideravelmente o significado dos resquícios do dia para o sonho, ainda assim valerá a pena dar-lhes alguma atenção. Eles devem ser um ingrediente essencial na formação dos sonhos à medida que a experiência revela o fato surpreendente de que todo sonho apresenta em seu conteúdo um vínculo com alguma impressão diurna recente, muitas vezes do tipo mais insignificante. Até agora, não conseguimos ver qualquer necessidade desse acréscimo à mistura dos sonhos. Essa necessidade aparece apenas quando acompanhamos de perto o papel desempenhado pelo desejo inconsciente e depois procuramos informações na psicologia das neuroses. Aprendemos, assim, que a ideia inconsciente, como tal, é absolutamente incapaz de entrar no pré-consciente, e que só pode exercer uma influência ali, unindo-se a uma ideia inofensiva já pertencente ao pré-consciente, para o qual transfere sua intensidade e sob o qual se permite encobrir-se. Esse é o fato da transferência que fornece uma explicação para tantas ocorrências surpreendentes na vida psíquica dos neuróticos.

A ideia do pré-consciente, que, assim, obtém uma imerecida abundância de intensidade, pode ser mantida inalterada pela transferência, ou pode se ver forçada a passar por uma modificação, por imposição do conteúdo da ideia transferidora. Espero que o leitor perdoe o meu gosto por fazer analogias com a vida cotidiana, mas sinto-me tentado a dizer que as relações existentes para a ideia reprimida são semelhantes à situação vigente na Áustria para os dentistas norte-americanos, que estão proibidos de exercer a profissão a menos que obtenham autorização de um médico com qualificação regular para usar seu nome na placa pública e, assim, atender aos requisitos legais. Ademais, assim como naturalmente não são os médicos mais requisitados que firmam essas alianças com os dentistas, também na vida psíquica apenas as ideias pré-conscientes ou conscientes são escolhidas para cobrir uma ideia recalcada e que não atraíram, elas próprias, grande dose da atenção que está atuando no pré-consciente. O inconsciente enreda com suas conexões preferencialmente aquelas impressões e ideias do pré-consciente que passaram despercebidas como irrisórias, ou aquelas que logo foram privadas dessa atenção por conta da rejeição. É um fato conhecido dos estudos de associação, confirmado por todas as experiências, que as ideias que formaram ligações íntimas em uma direção assumem uma atitude quase negativa em relação a grupos inteiros de novas ligações. Certa vez tentei, a partir desse princípio, desenvolver uma teoria para a paralisia histérica.

Se presumirmos que a mesma necessidade de transferência das ideias reprimidas que aprendemos a conhecer por meio da análise das neuroses também faz sentir a sua influência no sonho, podemos explicar de uma tacada só dois enigmas relativos aos sonhos, a saber: que toda análise de sonho mostra um entrelaçamento de uma impressão recente, e que esse elemento recente é, amiúde, do caráter mais insignificante. Podemos acrescentar o que já aprendemos em outra parte: o motivo pelo qual esses elementos recentes e triviais entram com tanta frequência no conteúdo do sonho como substitutos dos pensamentos oníricos mais profundos é que eles têm menos a temer da censura imposta pela resistência. Mas, embora essa ausência de censura explique apenas a preferência por elementos triviais, a presença constante de alguns elementos recentes aponta para a existência de uma necessidade de transferência. Ambos os grupos de impressões satisfazem à exigência da repressão, que estabelece material ainda livre de associações – as indiferentes porque não ofereceram incentivo para associações amplas, e as recentes porque não tiveram tempo suficiente para formar essas associações.

Vemos, assim, que os resíduos do dia, entre os quais podemos agora incluir as impressões indiferentes, quando participam da formação do sonho não apenas tomam emprestado do inconsciente a força motriz à disposição do desejo reprimido, mas também oferecem ao inconsciente algo indispensável, a saber, o vínculo necessário à transferência. Se aqui tentássemos penetrar mais a fundo nos processos psíquicos, teríamos primeiro de lançar mais luz sobre o jogo das emoções entre o pré-consciente e o inconsciente, ao qual, de fato, somos empurrados pelo estudo das psiconeuroses, ao passo que o sonho em si não oferece nenhuma ajuda nesse sentido.

Tenho apenas uma derradeira observação a fazer acerca dos resíduos diurnos. Não há dúvida de que são eles os verdadeiros perturbadores do sono, e não o sonho, que, pelo contrário, se esforça para *proteger* o sono. Mas voltaremos a esse ponto mais adiante.

Até agora discutimos os desejos oníricos, rastreamos a origem do sonho de desejo até situá-la na esfera do inconsciente e analisamos as suas relações com o resto do dia, que por sua vez podem ser desejos, emoções psíquicas de qualquer outro tipo ou simplesmente impressões recentes. Assim, demos margem a quaisquer afirmações que possam ser feitas acerca da importância da atividade do pensamento consciente nas formações oníricas em todas as suas variações. Baseando-nos em nossa série de pensamentos, não nos seria impossível explicar que mesmo aqueles casos extremos em que o sonho, dando continuidade às atividades diurnas, leva a uma conclusão feliz para um problema não resolvido, propicia um exemplo – cuja análise poderia revelar sua fonte em um desejo infantil ou recalque – que fornece essa aliança e o bem-sucedido fortalecimento dos esforços da atividade pré-consciente. Mas ainda não chegamos nem sequer um passo mais perto da solução do enigma: por que o inconsciente só pode fornecer a força motriz para a realização do desejo durante o sono? A resposta a essa pergunta deve elucidar a natureza psíquica dos desejos; e será dada com a ajuda do quadro esquemático do aparelho psíquico.

Não temos dúvida de que esse aparelho atingiu a sua atual perfeição por meio de um longo período de desenvolvimento.

Procuremos reconduzi-lo a uma etapa inicial da sua atividade. A partir de suposições, a serem confirmadas em outro momento, sabemos que a princípio o aparelho se esforçou para manter-se tão livre de estímulos e excitações quanto possível. Por conseguinte, em sua primeira formação, o esquema tomou a forma de um aparelho reflexo, que lhe permitia descarregar prontamente por meio de uma via motora qualquer estímulo sensorial que sobre ele incidisse. Mas essa função simples foi perturbada pelas exigências da vida, que também fornecem o impulso para o desenvolvimento posterior do aparelho. As exigências da vida manifestaram-se primeiro na forma de grandes necessidades físicas. A excitação despertada pela necessidade interior busca uma saída na motilidade, o que pode ser descrito como "mudanças internas" ou como "expressão das emoções". A criança faminta chora ou se remexe, inquieta e impotente, mas a sua situação permanece inalterada, pois a excitação que procede uma necessidade interior requer não uma eclosão momentânea, mas uma força em ação contínua. Uma mudança só pode ocorrer se, de alguma forma, experimentar-se um sentimento de gratificação – que, no caso da criança com fome, deve ser por meio de ajuda externa –, a fim de eliminar a excitação interna. Um componente essencial dessa experiência é o aparecimento de certa percepção (de comida, no nosso exemplo), cuja imagem mnêmica permanece a partir de então associada ao traço mnêmico da excitação produzida pela necessidade.

Graças à ligação que foi estabelecida, da próxima vez que essa necessidade for despertada, surgirá um sentimento psíquico que reavivará a imagem mnêmica da percepção anterior, e assim evocará a própria percepção anterior, isto é, na verdade, restabelecerá a situação da primeira gratificação. A esse sentimento chamamos de desejo; o reaparecimento da percepção constitui a realização do desejo, e o renascimento pleno da percepção pela excitação do desejo constitui o caminho mais curto para a realização do desejo. Podemos supor uma condição primitiva do aparelho psíquico em que esse caminho é realmente percorrido, isto é, onde o desejo se funde em uma alucinação. Essa primeira atividade psíquica visa, portanto, a uma identidade perceptiva, ou seja, almeja uma repetição da percepção que é vinculada à realização do desejo.

Essa atividade mental primitiva deve ter sido modificada pela amarga experiência prática, que a transforma em uma atividade secundária mais conveniente. O estabelecimento da percepção de identidade no curto caminho regressivo dentro do aparelho não traz consigo, sob nenhum outro aspecto, o resultado que inevitavelmente se segue ao reavivamento da mesma percepção a partir do exterior. A gratificação não acontece, e a necessidade persiste. Para equalizar a soma de energia interna com a externa, a primeira deve ser continuamente mantida, tal como de fato acontece nas psicoses alucinatórias e nos delírios de fome, que esgotam a capacidade psíquica de apegar-se ao objeto de desejo. A fim de fazer um uso mais adequado da força psíquica, torna-se necessário inibir a regressão plena para evitar que ela se estenda além da imagem mnêmica, de onde poderá selecionar outros caminhos que conduzam, ao fim e ao cabo, ao estabelecimento da desejada identidade a partir do mundo exterior. Essa inibição e o consequente desvio da excitação tornam-se tarefa de um segundo sistema que domina a motilidade voluntária, isto é, por meio de cuja atividade o dispêndio da motilidade é agora dedicado a propósitos evocados de antemão. Mas toda essa complicada atividade mental, que se desdobra desde a imagem mnêmica até o estabelecimento da identidade perceptiva a partir do mundo exterior, representa apenas um desvio que foi imposto pela experiência à realização do desejo.[II] Pensar nada mais é do que o equivalente do desejo alucinatório; e, se o sonho for chamado de realização de desejo, isso se torna evidente, pois nada além de um desejo pode impelir à ação nosso aparelho psíquico. O sonho, que ao realizar seus desejos percorre o curto caminho regressivo, preserva para nós apenas um exemplo da forma primária do aparelho psíquico que foi abandonada por ser inconveniente. O que antes dominava o estado de vigília, quando a vida psíquica ainda era jovem e inepta, parece ter sido banido para o estado de sono, assim como reaparecem novamente nos quartos de brinquedo o arco e a flecha, armas primitivas descartadas pelos adultos evoluídos. Os sonhos são um fragmento da vida psíquica infantil já abandonada. Nas psicoses, esses modos de funcionamento do aparelho psíquico, normalmente suprimidos no estado de vigília, reafirmam-se e, então, revelam a sua incapacidade de satisfazer as nossas necessidades no mundo exterior.

Os sentimentos de desejo inconscientes evidentemente se esforçam para se afirmar também durante o dia, e os fatos da

---

II Le Lorrain enaltece, de maneira justificada, a realização do desejo no sonho: "*Sans fatigue sérieuse, sans être obligé de recourir à cette lutte opiniâtre et longue qui use et corrode les jouissances poursuivies*" ["Sem cansaço sério, sem ser obrigado a recorrer à luta obstinada e longa que desgasta e corrói os gozos perseguidos"].

transferência, bem como as psicoses, nos ensinam que lutam para penetrar na consciência e dominar o controle da motilidade pela estrada que leva ao sistema pré-consciente. É, portanto, o censor situado entre o inconsciente e o pré-consciente, cuja existência nos é imposta pelo sonho, que devemos reconhecer e honrar como o guardião da nossa saúde psíquica. Mas não é por um ato de descuido que esse guardião diminui a sua atividade de vigilância durante a noite e permite que as emoções reprimidas do inconsciente se expressem, possibilitando novamente a regressão alucinatória? Creio que não, pois, quando o guardião crítico descansa – e temos provas de que o seu sono não é profundo –, ele toma o cuidado de fechar a porta de acesso à mobilidade. Sejam quais forem os sentimentos do inconsciente, normalmente inibidos, que possam zanzar pela cena, não precisam de interferência; permanecem inócuos, porque são incapazes de pôr em movimento o aparelho motor, o único capaz de exercer uma influência modificadora sobre o mundo exterior. O estado de sono garante a segurança da fortaleza que está sob guarda. As condições são menos inofensivas quando o que provoca um deslocamento de forças não é um afrouxamento noturno na operação do censor crítico, mas um enfraquecimento patológico deste último ou de uma intensificação patológica das excitações inconscientes, e isso enquanto o pré-consciente está carregado de energia e os caminhos para a motilidade estão abertos. O guardião é, então, dominado, as excitações inconscientes subjugam o pré-consciente; por meio disso, dominam nossa fala e ações, ou então impõem a regressão alucinatória, regendo assim um aparelho (que não foi projetado para uso dele) em virtude da atração exercida pelas percepções sobre a distribuição de nossa energia psíquica. A essa condição chamamos de psicose.

Estamos agora na melhor posição para completar a nossa construção psicológica, que foi interrompida pela introdução dos dois sistemas, o *Ics.* (inconsciente) e o *Pcs.* (pré-consciente). Temos, contudo, amplas razões para dedicar atenção ainda mais profunda ao desejo como única força motriz psíquica no sonho. Explicamos que a razão pela qual os sonhos são, em todos os casos, a realização de um desejo é porque são produtos do inconsciente, sistema que não conhece outro objetivo em sua atividade senão a realização de desejos, e que não tem outras forças à sua disposição a não ser os sentimentos de desejo. Se aproveitarmos por mais um momento o direito de elaborar, a partir da interpretação dos sonhos, especulações psicológicas tão abrangentes, teremos o dever de demonstrar que estamos, desse modo, trazendo os sonhos para uma relação que também pode abarcar outras estruturas psíquicas. Se existe um sistema do inconsciente – ou algo suficientemente análogo a ele para os propósitos de nossa discussão –, os sonhos não podem ser sua única manifestação. Todos os sonhos podem ser a realização de um desejo, mas deve haver outras formas de realização anormal de desejo além da dos sonhos. De fato, a teoria de todos os sintomas psiconeuróticos culmina na proposição de que eles também devem ser considerados como realizações de desejos inconscientes. Nossa explicação faz dos sonhos apenas os primeiros membros de um grupo de extrema importância para os psiquiatras, e cuja compreensão significa a solução da parte puramente psicológica do problema da psiquiatria. Contudo, outros membros desse grupo de realizações de desejos – por exemplo, os sintomas histéricos – evidenciam uma qualidade essencial que até agora não consegui encontrar nos sonhos. Assim, pelas investigações a que me referi tantas vezes neste tratado, sei que a formação de um sintoma histérico necessita da combinação de ambas as correntes da nossa vida psíquica. O sintoma não é apenas a expressão de um desejo inconsciente realizado, mas deve ser acompanhado por outro desejo do pré-consciente que é realizado pelo mesmo sintoma; assim, o sintoma é pelo menos duplamente determinado, uma vez por cada um dos sistemas conflitantes. Assim como no sonho, não há limite para outras sobredeterminações dos sintomas. A meu ver, a determinação que não deriva do inconsciente é invariavelmente um encadeamento de pensamentos em reação contra o desejo inconsciente, por exemplo, uma autopunição. Por isso posso dizer, em geral, que um sintoma histérico só se desenvolve quando as realizações de dois desejos contrastantes, cada qual originado em um sistema psíquico diferente, são capazes de combinar-se em uma única expressão. (Compare com a minha última formulação sobre a origem dos sintomas histéricos em um tratado publicado no *Zeitschrift für Sexualwissenschaft* por Hirschfeld[36] e outros, 1908.)

Exemplos sobre esse ponto seriam de pouca serventia, pois nada além de uma revelação exaustiva das complicações em questão seria convincente. Portanto, contento-me com a mera afirmação e citarei um exemplo apenas à guisa de explicação, não como uma tentativa de convencimento. O vômito histérico de uma de minhas pacientes revelou ser, por um lado, a realização de uma fantasia inconsciente que remontava à sua puberdade – o desejo de que ela poderia estar continuamente grávida e ter uma infinidade de filhos –, posteriormente acrescido do desejo de que ela poderia ter seus filhos com o maior número possível de homens. Em oposição a esse desejo imoderado surgiu um poderoso impulso defensivo. Porém, como os vômitos poderiam estragar a silhueta da paciente e deteriorar sua beleza, de modo que ela deixaria de ter encantos aos olhos alheios, o sintoma era, portanto, condizente com sua tendência de pensamentos punitivos e, sendo assim admissível de ambos os lados, teve permissão para se tornar uma realidade. Essa é a mesma maneira de consentir na realização de um desejo que a rainha dos partos escolheu para o triúnviro Crasso. Acreditando que o general havia empreendido sua campanha militar pela cobiça por ouro, ela ordenou que ouro derretido fosse despejado dentro da garganta do cadáver do romano. "Agora tens aquilo por que ansiaste." Até aqui, tudo o que sabemos sobre os sonhos é que expressam a realização de um desejo do inconsciente; e aparentemente o pré-consciente dominante só permite isso depois de ter submetido o desejo a algumas distorções.

Na verdade, não estamos em condições de demonstrar regularmente uma sequência de pensamentos antagônica aos desejos oníricos e que, como sua contrapartida, seja realizada no sonho. Apenas de vez em quando encontramos no sonho vestígios de formações reativas – por exemplo, a ternura pelo amigo R. no "sonho do tio". Mas a contribuição do ingrediente do pré-consciente, que aqui está ausente, pode ser encontrada em outro lugar. Embora o sistema dominante se recolha em um desejo de dormir, o sonho pode dar expressão, com múltiplas distorções, a um desejo do inconsciente e realizar esse desejo produzindo as necessárias mudanças de energia no aparelho psíquico, e pode finalmente fazê-lo persistir durante toda a duração do sono.[III]

Em geral, esse persistente desejo de dormir por parte do pré-consciente facilita a formação dos sonhos. Façamos referência ao sonho do pai que, pelo clarão de luz proveniente da câmara mortuária, chegou à conclusão de que o corpo do filho estava em chamas. Mostramos que uma das forças psíquicas decisivas para que o pai chegasse a essa conclusão, em vez de ser despertado pelo brilho da luz, foi o desejo de prolongar por um momento a vida da criança vista no sonho. Outros desejos provenientes da repressão provavelmente nos escapam, porque não somos capazes de analisar esse sonho. Mas como segunda força motriz do sonho podemos mencionar o desejo do pai de dormir, pois, tal como a vida da criança, o sono do pai é prolongado por mais um momento pelo sonho. O motivo subjacente é: "Que o sonho prossiga, caso contrário eu terei que acordar". O que ocorre nesse sonho vale também para todos os outros sonhos: o desejo de dormir serve de apoio ao desejo inconsciente. Relatamos alguns sonhos que aparentemente eram sonhos de conveniência. Mas, a bem da verdade, todos os sonhos podem reivindicar essa mesma designação.

A eficácia do desejo de continuar a dormir pode ser percebida mais facilmente nos sonhos de despertar, que transformam o estímulo sensorial objetivo de modo a torná-lo compatível com a continuação do sono. Eles entrelaçam esse estímulo no sonho a

---

III Essa ideia foi emprestada da teoria do sono, de *[Ambroise-Auguste]* Liébault, que retomou a pesquisa com a hipnose em nossos dias (*Du sommeil provoqué* etc.; Paris, 1889).

fim de privá-lo de quaisquer alegações que possa fazer à guisa de aviso do mundo exterior. Mas esse desejo de continuar a dormir deve também participar na formação de todos os outros sonhos que possam perturbar o estado de sono apenas a partir *de dentro*. "Está tudo bem, continue dormindo, afinal é só um sonho" – essa é em muitos casos a sugestão que o pré-consciente faz ao consciente quando o sonho vai longe demais; e isso também descreve, de modo geral, a atitude da nossa atividade psíquica dominante em relação aos sonhos, embora o pensamento permaneça tácito. Devo chegar à conclusão de que, durante todo o nosso estado de sono, temos tanta certeza de que estamos sonhando quanto temos certeza de que estamos dormindo. Somos compelidos a ignorar a objeção levantada contra essa conclusão de que a nossa consciência nunca é dirigida para o conhecimento da primeira dessas certezas (o sono), e que é dirigida para o conhecimento da segunda (o sonho) apenas em ocasiões especiais, quando o censor é pego de surpresa.

Contra essa objeção, podemos dizer que há pessoas que estão inteiramente conscientes de que dormem e de que sonham, e que aparentemente são dotadas da faculdade de guiar conscientemente sua vida onírica. Quando um desses sonhadores fica insatisfeito com o rumo do sonho, interrompe-o sem acordar e reinicia-o de modo a continuá-lo com um rumo diferente – tal qual o dramaturgo popular que, a pedidos, dá um fim mais feliz à sua peça. Ou, em outra ocasião, caso seu sonho o tenha colocado em uma situação sexualmente excitante, ele pensa enquanto dorme: "Não me interessa continuar este sonho e me esgotar em uma polução; prefiro adiá-lo em favor de uma situação real".

CAPÍTULO 7
A FUNÇÃO DOS SONHOS

Uma vez que sabemos que, durante a noite, o pré-consciente fica suspenso pelo desejo de dormir, podemos levar adiante a nossa investigação inteligente do processo onírico. Mas primeiro vamos resumir o conhecimento já adquirido acerca desse processo. Mostramos que a atividade de vigília – as horas em que a pessoa está acordada – deixa pendentes restos diurnos dos quais a soma de energia não pode ser inteiramente removida; ou a atividade de vigília reaviva durante o dia um dos desejos inconscientes; ou ambas as condições ocorrem simultaneamente; já descobrimos as muitas variações que podem ocorrer. O desejo inconsciente se vincula aos resquícios diurnos, ou no decurso do dia ou pelo menos depois do início do sono, e efetua uma transferência para eles. Isso produz um desejo que é transferido para o material recente, ou o desejo recém-suprimido volta à vida ao receber um reforço do inconsciente. Agora esse desejo tenta chegar à consciência pelo caminho normal dos processos de pensamento via o sistema pré-consciente (ao qual de fato pertence) por meio de um dos seus elementos constituintes. No entanto, é confrontado pela censura, que ainda está ativa e a cuja influência agora sucumbe. Nesse momento, adota a distorção para a qual o caminho já fora pavimentado pela transferência do desejo para o material recente. Até aí, está a caminho de se tornar algo semelhante a uma obsessão, um delírio ou algo semelhante, isto é, um pensamento reforçado por uma transferência e distorcido em sua expressão pela censura. Mas seu avanço posterior é agora impedido pelo estado de dormência do pré-consciente; esse sistema aparentemente se protegeu contra invasões diminuindo suas excitações. O processo onírico, portanto, percorre um caminho regressivo, que acabou de ser aberto pela peculiaridade do estado de sono, e, assim, segue a atração exercida sobre ele pelos grupos de lembranças, que existem, em parte, apenas como energia visual ainda não traduzida em termos dos sistemas posteriores. Ao longo desse seu caminho regressivo, o sonho assume a forma de dramatização. O tema da compressão será discutido mais adiante. O processo onírico completou agora a segunda parte de sua trajetória, repetidas vezes interrompida. A primeira parte estendeu-se progressivamente das cenas ou fantasias inconscientes até o pré-consciente, ao passo que a segunda gravita desde o advento da censura de volta até as percepções. Mas, quando o processo onírico se torna um conteúdo da percepção, ele encontra, por assim dizer, um meio de se esquivar do obstáculo criado no pré-consciente pela censura e pelo estado de sono. Consegue chamar a atenção para si e ser notado pela consciência. Pois esta, que para nós significa um órgão sensorial para a apreensão de qualidades psíquicas, pode receber estímulos de duas fontes – primeiro, da periferia de todo o aparelho, a saber, do sistema perceptivo; em segundo lugar, do prazer e da dor, que constituem a única qualidade psíquica produzida na transformação da energia no interior do aparelho. Todos os outros processos do sistema, mesmo os do pré-consciente, são desprovidos de qualquer qualidade psíquica e, portanto, não são objetos da consciência, na medida em que não proporcionam prazer nem dor à percepção. Assim, teremos de presumir que essas liberações de prazer e dor regulam automaticamente a saída dos processos de ocupação. Contudo, para tornar possíveis funções mais delicadas, descobriu-se mais tarde que era necessário tornar o curso das apresentações menos dependente das manifestações de dor. Para tanto, o sistema pré-consciente necessitava de algumas qualidades próprias que pudessem atrair a consciência, e muito provavelmente as recebeu por meio da conexão dos processos pré-conscientes com o sistema mnêmico dos sinais da fala, sistema este que não é desprovido de qualidades. Por intermédio das qualidades desse sistema, a consciência, que até então tinha sido um órgão sensorial apenas para as percepções, torna-se agora também um órgão sensorial para uma parte dos nossos processos mentais. Assim, temos agora, por assim dizer, duas superfícies sensoriais, uma dirigida às percepções e a outra aos processos de pensamento pré-conscientes.

Devo presumir que a superfície sensorial da consciência devotada ao pré-consciente torna-se menos excitável pelo sono do que aquele direcionado aos sistemas *Pcpt.* (ou sistemas perceptivos). O abandono do interesse pelos processos mentais noturnos tem de fato um propósito. Nada deve perturbar a mente; o pré-consciente exige o sono, quer dormir. No entanto, uma vez que o sonho se torna uma percepção, ele é capaz de excitar a consciência por meio das qualidades adquiridas. A excitação sensorial cumpre a função a que realmente foi destinada, ou seja, direciona parte da energia à disposição do pré-consciente na forma de atenção dada àquilo que causa o estímulo. Devemos admitir, portanto, que o sonho invariavelmente nos desperta, ou seja, põe em atividade uma parte da força dormente no pré-consciente. Essa força transmite ao sonho aquela influência que descrevemos como elaboração secundária, para fins de conexão e de compreensibilidade. Isso significa que o sonho é tratado por essa força como qualquer outro conteúdo da percepção; está sujeito às mesmas ideias de expectativa, pelo menos na medida em que o material admita. No que tange à direção nessa terceira parte do sonho, pode-se dizer que aqui novamente se trata de um movimento progressivo.

Para evitar mal-entendidos, não será inoportuno dizer algumas palavras sobre as peculiaridades temporais desses processos oníricos. Em uma discussão muito interessante, aparentemente sugerida pelo enigmático sonho de Maury[37] com a guilhotina, Goblot[38] tenta demonstrar que o sonho não requer outro momento além do período de transição entre o sono e o despertar. O despertar requer tempo, pois o sonho acontece nesse período. Tendemos a acreditar que a imagem final do sonho é tão forte que obriga a pessoa que sonha a despertar; mas, na verdade, essa imagem só é forte porque o sonhador já está muito próximo do despertar quando ela aparece. *"Un rêve c'est un réveil qui commence."*[I]

Dugas já enfatizou que Goblot foi forçado a repudiar muitos fatos para generalizar sua teoria. Além disso, há sonhos dos quais não despertamos, por exemplo, algumas vezes sonhamos que estamos sonhando. Com base no nosso conhecimento acerca do

---

I O sonho é um despertar que começa.

trabalho do sonho, não podemos de forma alguma concordar que os sonhos se estendem apenas ao longo do período do despertar. Pelo contrário, devemos considerar que parece provável que a primeira parte do trabalho do sonho comece durante o dia, quando ainda estamos sob o domínio do pré-consciente. A segunda fase do trabalho do sonho, a saber, a modificação por intermédio da censura, a atração exercida pelas cenas inconscientes e a penetração na percepção, deve transcorrer ao longo de toda a noite. E provavelmente temos sempre razão quando afirmamos ter a sensação de havermos sonhado a noite inteira, embora não saibamos dizer com o quê. Todavia, não creio que seja necessário presumir que, até o momento da tomada de consciência, os processos oníricos realmente sigam a sequência cronológica que descrevemos, isto é, que há primeiro os desejos oníricos transferidos, depois a distorção da censura e, depois, ainda, a mudança regressiva de direção e assim por diante. Fomos obrigados a formar essa sucessão para fins de descrição; na realidade, porém, trata-se mais de uma questão de tentar simultaneamente este e aquele caminho, e de emoções oscilando de um lado para outro, até que, por fim, devido à distribuição mais conveniente, assegura-se um agrupamento específico que se torna permanente. Com base em certas experiências pessoais, estou inclinado a acreditar que o trabalho do sonho muitas vezes requer mais de um dia e uma noite para produzir seu resultado; se isso for verdade, o extraordinário engenho manifestado na construção dos sonhos perde todo o seu encanto. A meu ver, mesmo a consideração pela compreensibilidade como uma ocorrência de percepção pode surtir efeito antes que o sonho atraia para si a consciência. Certamente, a partir daí o processo é acelerado, pois os sonhos passam a ser submetidos ao mesmo tratamento que qualquer outra percepção. É como ocorre com os fogos de artifício, que exigem horas de preparação e apenas um instante para se consumirem.

Por meio do trabalho do sonho, agora o processo onírico ganha intensidade suficiente para atrair a consciência para si e despertar o pré-consciente, que é bastante independente do tempo ou da profundidade do sono, ou, sendo sua intensidade insuficiente, deve esperar até encontrar a atenção que é acionada imediatamente antes do despertar. Em sua maioria, os sonhos parecem operar com intensidades psíquicas relativamente leves, pois aguardam o despertar. Isso, contudo, explica o fato de, com regularidade, ao sermos subitamente despertados de um sono profundo, lembramo-nos de alguma coisa que sonhamos. Aqui, assim como no despertar espontâneo, a primeira coisa que vemos é o conteúdo de percepção criado pelo trabalho do sonho, e o olhar seguinte percebe o conteúdo que é produzido de fora.

Mas de maior interesse teórico são aqueles sonhos capazes de nos acordar em meio ao sono. Devemos ter em mente a utilidade universalmente demonstrada em outros momentos e perguntar por que o sonho ou o desejo inconsciente tem o poder de perturbar o sono, isto é, a realização do desejo pré-consciente. Isso provavelmente se deve a certas relações de energia das quais não temos conhecimento. Se tivéssemos esse entendimento, provavelmente descobriríamos que a liberdade dada ao sonho e o dispêndio de certa quantidade de atenção desapegada representam para o sonho uma economia de energia, tendo em vista o fato de que o inconsciente deve ser controlado durante a noite, assim como durante o dia. A experiência nos mostra que o sonho, mesmo que interrompa o sono repetidas vezes durante a mesma noite, ainda permanece compatível com o sono. Acordamos por um instante e imediatamente voltamos a adormecer. É como espantar uma mosca durante o sono: acordamos *ad hoc* e, quando retomamos o sono, eliminamos a perturbação. Como demonstram exemplos conhecidos do sono das amas de leite etc., a realização do desejo de dormir é bastante compatível com a manutenção do dispêndio de certa dose de atenção em determinada direção.

Mas devemos aqui tomar conhecimento de uma objeção que se baseia em um melhor conhecimento dos processos inconscientes. Embora nós mesmos tenhamos descrito os desejos inconscientes como sempre ativos, afirmamos, no entanto, que não são suficientemente fortes durante o dia para se tornarem perceptíveis. Todavia, se enquanto dormimos o desejo inconsciente mostra seu intenso poder para formar um sonho e, com ele, despertar o pré-consciente, por que então essa intensidade se exaure depois de tomarmos conhecimento do sonho? Não pareceria mais provável que o sonho se renovasse continuamente, tal qual a incômoda mosca que, depois de ter sido enxotada, tem prazer em voltar sempre? O que justifica a nossa afirmação de que o sonho elimina a perturbação do sono?

É a mais pura verdade que os desejos inconscientes permanecem sempre ativos. Representam caminhos que são transitáveis sempre que uma soma de excitação faz uso deles. Além disso, uma peculiaridade notável dos processos inconscientes é o fato de permanecerem indestrutíveis. Nada pode acabar no inconsciente; nada pode cessar ou ser esquecido. Adquirimos essa impressão com clareza e intensidade, sobretudo no estudo das neuroses, em especial a histeria. O fluxo inconsciente de pensamento, que leva à descarga por meio de um ataque, torna-se novamente transitável assim que ocorre o acúmulo de uma quantidade suficiente de excitação. Uma humilhação vivenciada trinta anos antes, depois de ter acesso à fonte inconsciente de afeto, opera ao longo de todos esses trinta anos como uma humilhação recente. Sempre que é tocada, essa memória é revivida e se mostra investida de uma carga de excitação, que em seguida é descarregada em um ataque motor. É justamente aqui que começa a atuação da psicoterapia, cuja tarefa é provocar o ajuste e o esquecimento dos processos inconscientes. Na verdade, o desvanecimento das memórias e o enfraquecimento dos afetos, que tendemos a considerar como evidentes e a explicar como uma influência primária do tempo nas memórias psíquicas, são na realidade mudanças secundárias resultantes de um trabalho meticuloso. É o pré-consciente que realiza esse trabalho; e o único caminho a ser seguido pela psicoterapia é subjugar o inconsciente à dominação do pré-consciente.

Existem, portanto, duas saídas para o processo emocional inconsciente individual. Ou é abandonado à própria sorte e, nesse caso, no fim, acaba irrompendo em algum lugar e assegura, pela primeira vez, uma descarga para sua excitação na motilidade; ou sucumbe à influência do pré-consciente, e sua excitação fica confinada por meio dessa influência em vez de ser descarregada. No sonho, é este último processo que ocorre. Devido ao fato de ser dirigida pela excitação da consciência, a energia do pré-consciente, que confronta o sonho quando ele chega à percepção, restringe a excitação inconsciente do sonho e a torna inócuo, impedindo-a de agir como fator perturbador.

Quando o indivíduo sonhador desperta por um momento, na verdade, afugentou a mosca que ameaçava perturbar seu sono. Podemos compreender que é realmente mais conveniente e econômico dar total controle ao desejo inconsciente e abrir caminho à regressão para que possa formar um sonho e, depois, restringir e ajustar esse sonho por meio de um pequeno dispêndio de trabalho do pré-consciente, do que refrear o inconsciente durante todo o período de sono. De fato, era de se esperar que o sonho, mesmo que originalmente não tenha sido um processo propício, adquirisse alguma função no jogo de forças da vida psíquica. Agora vemos qual é essa função. Aos sonhos coube a tarefa de levar a emoção liberada do inconsciente novamente ao domínio do pré-consciente; assim, proporciona alívio para a excitação do inconsciente e atua como uma válvula de segurança para este último e, ao mesmo tempo, assegura o sono do pré-consciente com um leve dispêndio do estado de vigília. Tal como as outras formações psíquicas do grupo do qual faz parte, o sonho se oferece como um acordo de conciliação que serve simultaneamente a ambos os sistemas, realizando os dois desejos, na medida em que sejam compatíveis entre si. Uma olhada na "teoria da excreção" de Robert[39] mostrará que devemos concordar com esse autor em seu ponto principal – na determinação da função do sonho –, embora divergindo dele em nossas hipóteses e no tratamento do processo onírico.

A qualificação que acabamos de mencionar – com uma ressalva: contanto que os dois desejos sejam compatíveis entre si – contém uma sugestão de que pode haver casos em que a função do sonho termina em fiasco. O processo onírico é, em primeira instância, admitido como uma realização de desejo do inconsciente, mas se essa tentativa de realização de desejo perturba o pré-consciente a tal ponto que ele não consegue mais se manter dormindo, o sonho então rompe o acordo de conciliação e deixa de cumprir a segunda parte de sua tarefa. O compromisso é, então, imediatamente interrompido e substituído pela vigília completa. Aqui também não é culpa do sonho se, embora normalmente desempenhe o papel de guardião do sono, ele for obrigado a atuar como perturbador do sono, o que tampouco deve nos levar a nutrir quaisquer dúvidas acerca de sua eficácia. Não é o único caso no organismo em que um arranjo que em circunstâncias normais é útil e eficaz tornar-se ineficaz e perturbador tão logo haja a modificação de algum elemento nas condições de sua origem; assim, a perturbação serve ao menos ao novo propósito de anunciar a mudança e de pôr em jogo contra si os meios de ajuste e regulação do organismo. Nesse contexto, é natural que eu tenha em mente o caso dos sonhos de ansiedade, e para não dar a impressão de que estou tentando excluir esse testemunho contrário à teoria da realização de desejos onde quer que a encontre, tentarei uma explicação dos sonhos de ansiedade, oferecendo pelo menos algumas sugestões.

Há muito tempo deixou de nos parecer uma contradição o fato de que um processo psíquico gerador de ansiedade ainda possa ser uma realização de desejo. Podemos explicar essa ocorrência pelo fato de o desejo pertencer a um sistema (o inconsciente), ao passo que o outro sistema (o pré-consciente) rejeitou e suprimiu esse desejo. A sujeição do inconsciente pelo pré-consciente não está completa nem mesmo em perfeita saúde psíquica; a medida dessa supressão indica o grau de nossa normalidade psíquica. Os sintomas neuróticos mostram que existe um conflito entre os dois sistemas; os sintomas são o resultado de um acordo de conciliação que por algum tempo põe fim a esse conflito. Por um lado, os sintomas oferecem ao inconsciente um escoadouro para a descarga de sua excitação, e lhe servem como porta de saída, enquanto, por outro lado, propiciam ao pré-consciente a capacidade de, até certo ponto, dominar o inconsciente. É bastante instrutivo levar em consideração, por exemplo, o significado de qualquer fobia histérica ou de agorafobia. Imaginemos um neurótico incapaz de atravessar sozinho a rua, algo que com toda razão poderíamos chamar de "sintoma". Tentamos eliminar esse sintoma incitando-o à ação da qual ele se considera incapaz. O resultado será um ataque de ansiedade, assim como um ataque de ansiedade na rua costuma ser a causa que desencadeia um ataque de agorafobia. Aprendemos, assim, que o sintoma foi constituído para nos proteger contra o surto da ansiedade. A fobia se ergue diante da ansiedade como uma fortaleza em uma área de fronteira.

A menos que investiguemos o papel desempenhado pelos afetos nesses processos, o que aqui só pode ser feito de forma imperfeita, não poderemos dar continuidade à nossa discussão. Portanto, levemos adiante a proposição de que a razão pela qual a supressão do inconsciente se torna absolutamente necessária é que, se a descarga da apresentação corresse por conta própria, desenvolveria no inconsciente um afeto que originalmente tinha o caráter prazeroso, mas que, desde o aparecimento do processo de recalque, se torna doloroso. O objetivo – bem como o resultado – da supressão é impedir o desenvolvimento dessa dor. A supressão se estende à ideação inconsciente, porque a liberação da dor pode emanar dessa ideação. Aqui é lançado o alicerce para uma suposição muito definida acerca da natureza do desenvolvimento afetivo. É considerada uma atividade motora ou secundária, cuja chave de inervação está localizada nas apresentações do inconsciente. Por meio do domínio do pré-consciente essas apresentações tornam-se, por assim dizer, estranguladas e inibidas na saída dos impulsos de desenvolvimento da emoção. O perigo, que se deve ao fato de o pré-consciente deixar de ocupar a energia, consiste, portanto, no fato de que as excitações inconscientes liberam um afeto tal que – em consequência da repressão que ocorreu anteriormente – só pode ser percebido como dor ou ansiedade.

Esse perigo é liberado durante todo o processo onírico. As condições que determinam sua realização consistem no fato de que os recalques ocorreram e que os desejos emocionais reprimidos se tornarão suficientemente fortes. Ficam, portanto, inteiramente fora do domínio psicológico da estrutura dos sonhos. Não fosse pelo fato de nosso tema estar conectado à questão da geração da ansiedade por um único fator – a saber, a libertação do inconsciente durante o sono –, eu poderia me eximir de entrar na discussão dos sonhos de ansiedade e, assim, evitar todas as obscuridades que a cercam.

Como já repeti muitas vezes, a teoria da ansiedade pertence à psicologia das neuroses. Eu diria que a ansiedade nos sonhos é um problema de ansiedade, e não um problema dos sonhos. Não temos mais nada a ver com ela depois de termos demonstrado uma vez seu ponto de contato com o tema do processo onírico. Só me resta uma coisa a fazer. Como afirmei que a ansiedade neurótica se origina de fontes sexuais, posso submeter os sonhos de ansiedade à análise a fim de demonstrar o material sexual contido em seus pensamentos oníricos.

Por boas razões, abstenho-me de citar aqui qualquer um dos numerosos exemplos colocados à minha disposição por pacientes neuróticos; prefiro citar sonhos de ansiedade de pessoas jovens.

Pessoalmente, faz décadas que não tenho nenhum sonho de ansiedade em si, mas recordo-me de um que tive aos meus 7 ou 8 anos de idade, que submeti à interpretação cerca de trinta anos depois. O sonho foi muito nítido e me mostrou minha querida mãe adormecida, com um semblante singularmente calmo, sendo carregada para o quarto e deitada na cama por duas (ou três) pessoas com bicos de pássaro. Acordei aos prantos e aos gritos, despertando meus pais. As figuras muito altas do meu sonho – com bicos de ave e vestidas de maneira peculiar – eu havia extraído das ilustrações de uma edição da Bíblia, de Philippson. Acredito que representavam divindades com cabeças de gavião de altos-relevos de uma tumba egípcia. A análise do sonho introduziu, também, a reminiscência do filho de um zelador, um menino travesso que costumava brincar conosco na campina que havia na frente da minha casa; eu acrescentaria que o nome dele era Philip. Creio que foi da boca desse menino que ouvi pela primeira vez a palavra vulgar que significa relação sexual e é substituída entre as pessoas instruídas pelo vocábulo latino *coitus*, mas à qual o sonho alude distintamente pela seleção das cabeças dos pássaros. Devo ter suspeitado do significado sexual da palavra pela expressão facial do meu professor, um homem sábio e versado nas coisas do mundo. As feições de minha mãe no sonho foram copiadas da fisionomia do meu avô, que eu vira alguns dias antes de seu falecimento, roncando em estado de coma. A interpretação da elaboração secundária do sonho deve ter sido, portanto, a de que minha mãe estava morrendo; o alto-relevo da tumba também condiz com isso. Acordei com essa ansiedade e não consegui me acalmar enquanto não acordei meus pais. Lembro-me de que de repente me acalmei ao ficar cara a cara com minha mãe, como se precisasse da garantia de que ela não estava morta. Mas essa interpretação secundária do sonho só foi efetuada sob a influência da ansiedade já desenvolvida. Não fiquei assustado por sonhar que minha mãe estava à morte, mas interpretei o sonho dessa maneira na elaboração pré-consciente porque já estava sob o domínio da ansiedade. Minha angústia, contudo, poderia ser atribuída, por meio da repressão, a um desejo obscuro e obviamente sexual, que encontrara sua expressão satisfatória no conteúdo visual do sonho.

Um homem de 27 anos de idade, gravemente enfermo havia um ano, relatou que entre seus 11 e 13 anos foi atormentado por sonhos aterrorizantes: um homem brandindo um machado corria atrás dele; ele queria escapar, mas sentia-se paralisado e não conseguia sair do lugar. Isso pode ser considerado um bom exemplo de um sonho de ansiedade dos mais comuns, e aparentemente irrelevante quanto ao cunho sexual. Na análise, o sonhador primeiro se deparou com uma história (cronologicamente posterior ao sonho) que lhe fora contada por seu tio, de como certa noite havia sido atacado por um indivíduo de aparência suspeita. Essa ocorrência levou o sonhador a acreditar que ele próprio já poderia ter ouvido falar de um episódio semelhante por ocasião do sonho. Em relação ao machado, ele se lembrou de que, durante esse período de sua vida, certa vez machucara a mão com um machado enquanto rachava lenha. Isso o levou imediatamente ao seu relacionamento com o irmão mais novo, a quem costumava maltratar e derrubar. Em particular, ele se lembrou de um dia em que, calçando botas, chutou a cabeça do irmão até arrancar sangue, ao que sua mãe comentou: "Meu medo é que um dia ele o mate". Enquanto ele aparentemente ainda estava pensando no tema da violência, de súbito ocorreu-lhe uma reminiscência de quando ele tinha 9 anos de idade. Seus pais voltaram tarde da noite e foram para a cama, e ele fingiu estar dormindo. Logo depois, ouviu sons de pessoas ofegando e outros ruídos que lhe pareceram estranhos, além de conseguir entrever a posição dos pais na cama. Associações posteriores mostraram que ele havia estabelecido uma analogia entre a relação de seus pais e sua própria relação com o irmão caçula. Ele classificou o que ocorria entre seu pai e sua mãe na categoria "violência e confronto físico" e, dessa forma, chegou a uma concepção sádica do ato do coito, como acontece frequentemente entre as crianças. O fato de que muitas vezes notava sangue na cama da mãe corroborou sua concepção.

Ouso dizer que a experiência cotidiana confirma o fato de que a relação sexual dos adultos parece algo estranho às crianças que a observam e desperta nelas a sensação de angústia. Expliquei essa angústia alegando que a compreensão infantil não é capaz de dominar a ideia de excitação sexual, que provavelmente também é inaceitável para as crianças porque seus pais estão envolvidos. Assim, para esse filho, a excitação se transforma em angústia. Em um período ainda mais precoce da vida, a emoção sexual dirigida ao progenitor do sexo oposto não se depara com recalque, mas encontra livre expressão, como vimos antes.

Quanto aos terrores noturnos com alucinações (*pavor nocturnus*) que ocorrem amiúde com crianças, eu daria, sem a menor hesitação, a mesma explicação. Também aqui estamos sem dúvida lidando com sentimentos e impulsos sexuais incompreensíveis e repudiados, que, se investigados, provavelmente mostrariam uma periodicidade temporal, pois um aumento da libido sexual pode ser produzido acidentalmente por meio de impressões emocionais, bem como por meio de processos espontâneos e graduais de desenvolvimento.

Falta-me o material necessário para corroborar essas explicações a partir de observações. Por outro lado, parece faltar aos pediatras o ponto de vista que por si só torna compreensível toda essa série de fenômenos, seja no aspecto somático, seja no aspecto psíquico. Para ilustrar com um exemplo cômico de que maneira alguém que usa os antolhos da mitologia médica pode deixar de compreender esses casos, relatarei um episódio que encontrei na tese de autoria de Debacker, de 1881, sobre o *pavor nocturnus*.[40] Um menino de 13 anos, de saúde frágil, começou a se mostrar inquieto e sonhador; seu sono tornou-se agitado e cerca de uma vez por semana era interrompido por um agudo ataque de ansiedade com alucinações. A lembrança desses sonhos era invariavelmente muito nítida. Assim, o menino relatou que o diabo gritava com ele: *"Agora pegamos você! Agora pegamos você!"*, e a isso se seguia um forte odor de enxofre; o fogo queimava a pele dele. Atormentado por esses sonhos, ele despertava aterrorizado e sexualmente excitado. A princípio ele não conseguia gritar; então sua voz retornava e ele dizia com todas as letras: "Não, não, eu não. Por quê? Ora, eu não fiz nada!" ou "Por favor, não! Eu nunca mais farei isso". Vez por outra, ele dizia também: "O Albert não fez isso". Depois desses episódios, o menino evitava despir-se, porque, segundo ele, o fogo só o atacava quando estava despido. Em meio a esses pesadelos que ameaçavam sua saúde, ele foi despachado para morar no campo, onde se recuperou em um período de dezoito meses; porém, quando já tinha 15 anos, confessou: *"Je n'osais pas l'avouer, mais j'éprouvais continuellement des picotements et des surexcitations aus parties; à la fin, cela m'énervait tant que plusieurs fois j'ai pensé me jeter par la fenêtre du dortoir"* ["Eu não ousava confessá-lo, mas experimentava continuamente um formigamento e uma hiperexcitação nas *partes*; no fim, isso me enervava tanto que diversas vezes pensei em me jogar pela janela do dormitório"].

Certamente, não é difícil suspeitar de que: 1) o menino havia praticado masturbação em anos anteriores, o que ele provavelmente negava, e deve ter sido ameaçado com punição severa por suas transgressões (sua confissão: *Je ne le ferai plus* ["Eu nunca mais farei isso"]; sua negação: *Albert n'a jamais fait ça* ["Albert não fez isso"]; 2) sob a pressão da chegada da puberdade, a tentação do autoabuso, por meio das cócegas nos órgãos genitais, foi novamente despertada; 3) dessa vez, porém, surgiu nele uma luta de repressão, suprimindo a libido e transformando-a em medo, que posteriormente assumiu a forma das punições com que no passado havia sido ameaçado.

Vejamos agora, no entanto, as conclusões tiradas pelo nosso autor. Essa observação mostra:

1. Que a influência da puberdade pode ocasionar, em um menino de saúde delicada, um estado de extrema fraqueza e levar a um quadro de anemia cerebral bastante acentuada;
2. Essa anemia cerebral produz uma transformação de caráter, alucinações demonomaníacas e violentíssimos estados de ansiedade noturna, talvez também diurna;
3. A demonomania e as autorrecriminações da época podem ser atribuídas às influências da educação religiosa que o paciente recebeu quando criança;
4. Todas as manifestações desapareceram em consequência de uma longa permanência no campo, dos exercícios físicos e do retorno da força física após o término do período da puberdade;
5. Uma influência predisponente para a origem da condição cerebral do menino pode ser imputada à hereditariedade e ao estado sifilítico crônico do pai.

Nas observações finais, o autor afirma: *"Nous avons fait entrer cette observation dans le cadre des délires apyrétiques d'inanition, car c'est à l'ischémie cérébrale que nous rattachons cet état particulier"* ["Incluímos esta observação no quadro dos delírios apiréticos de inanição, pois é à isquemia cerebral que atribuímos esse estado particular"].

CAPÍTULO 8

O PROCESSO PRIMÁRIO E O PRIMÁRIO SECUNDÁRIO– REGRESSÃO

Ao me aventurar na tentativa de penetrar mais a fundo na psicologia dos processos oníricos, empreendi uma tarefa árdua, da qual, na verdade, meu poder de descrição não está, nem de longe, à altura. Reproduzir na descrição, por meio de uma sucessão de palavras, a simultaneidade de uma cadeia de eventos tão complexa e, ao fazê-lo, parecer imparcial ao longo da exposição de cada argumento vai muito além de minhas forças. Devo agora apontar o fato de que, em minha descrição da psicologia dos sonhos, não fui capaz de acompanhar o desenvolvimento histórico de minhas teorias. Cheguei aos pontos de vista para a minha concepção do sonho por meio de investigações anteriores na psicologia das neuroses, às quais não devo me referir aqui, mas que sou repetidamente forçado a mencionar, embora preferisse prosseguir na direção oposta e, a partir do sonho, estabelecer uma conexão com a psicologia das neuroses. Tenho plena ciência de todos os inconvenientes que essa dificuldade acarreta para o leitor, mas não conheço nenhuma maneira de evitá-los.

Uma vez que estou insatisfeito com esse estado de coisas, fico feliz de me debruçar sobre outro ponto de vista que parece aumentar o valor dos meus esforços. Como foi demonstrado na introdução do primeiro capítulo, vi-me diante de um tema acerca do qual os juízos das autoridades se caracterizavam pelas mais agudas contradições. Após a nossa explanação dos problemas oníricos, encontramos espaço para a maioria dessas contradições. Fomos forçados, no entanto, a refutar categoricamente dois desses pontos de vista, a saber, que o sonho é algo desprovido de sentido e um processo somático. Fora esses casos, tivemos de aceitar todas as opiniões contraditórias em um ou outro ponto do complexo argumento e pudemos demonstrar que haviam descoberto algo que era correto. O fato de que os sonhos dão continuidade aos impulsos e interesses do estado de vigília foi inteiramente confirmado pela descoberta dos pensamentos latentes do sonho. Esses pensamentos dizem respeito apenas a coisas que parecem importantes e de grande interesse para nós. Os sonhos nunca se ocupam com insignificâncias e bagatelas. Mas também concordamos com a visão contrária de que os sonhos reúnem os resíduos insignificantes do dia e que, somente depois de terem se subtraído, até certo ponto, da atividade de vigília é que podem se apoderar de um evento importante do dia. Constatamos que isso é válido para o conteúdo dos sonhos, que dá ao pensamento onírico sua expressão alterada por meio da desfiguração. Afirmamos que, pela natureza do mecanismo de associação, o processo onírico apodera-se mais facilmente de material recente ou insignificante que ainda não foi requisitado pela atividade mental de vigília; e, por meio da censura, transfere a intensidade psíquica do material importante, mas também desagradável, para o material insignificante. A hipermnésia do sonho e o recurso ao material infantil tornaram-se os principais suportes da nossa teoria. Em nossa teoria do sonho, atribuímos aos desejos originados na infância o papel de força propulsora indispensável para a formação dos sonhos. Naturalmente, não poderíamos pensar em duvidar do significado – demonstrado de forma experimental – dos estímulos sensoriais objetivos durante o sono; mas mostramos que esse material tem com os sonhos de desejo a mesma relação que os resquícios de pensamento deixados pela atividade de vigília. Não havia necessidade de contestar o fato de que os sonhos interpretam os estímulos sensoriais objetivos, tal como fazem as ilusões; mas fornecemos a causa para essa interpretação, motivo que não havia sido determinado pelas autoridades. A interpretação segue de maneira que o objeto percebido se torna inofensivo e incapaz de perturbar o sono e fica disponível para fins da realização do desejo. Embora não admitamos como fontes especiais do sonho o estado subjetivo de excitação dos órgãos sensoriais durante o sono, o que parece ter sido demonstrado por Trumbull Ladd[41], somos, no entanto, capazes de explicar essa excitação por meio da revivificação regressiva de memórias ativas por trás do sonho. Uma modesta parte de nossa concepção também foi atribuída às sensações orgânicas internas que costumam ser consideradas o ponto fulcral na explicação dos sonhos. Essas sensações – de cair, de voar ou de estar inibido – constituem um material pronto para ser usado a qualquer momento pelo trabalho do sonho, sempre que necessário, para expressar o pensamento onírico.

Parece verdade para a percepção via consciência do conteúdo do sonho pré-preparado que o processo onírico é rápido e instantâneo; as partes anteriores do processo onírico provavelmente seguem um curso lento e oscilante. Solucionamos o enigma do conteúdo onírico superabundante de material comprimido no mais breve lapso de tempo, explicando que isso se deve à apropriação de estruturas quase totalmente formadas da vida psíquica. Julgamos que o fato de os sonhos serem desfigurados e distorcidos pela memória é correto, mas não preocupante, pois essa é apenas a última operação manifesta no trabalho de desfiguração que esteve ativo desde o início do trabalho do sonho.

Na acirrada e aparentemente inconciliável controvérsia sobre se a vida psíquica dorme à noite ou consegue fazer o mesmo uso de todas as suas capacidades tal como durante o dia, constatamos que os dois lados têm razão – concordamos com ambos, embora não plenamente com nenhum deles. Encontramos provas de que os pensamentos oníricos representam uma atividade intelectual bastante complexa e empregam quase todos os recursos fornecidos pelo aparelho psíquico. Ainda assim, não se pode negar que esses pensamentos oníricos se originaram durante o dia, e é imperativo presumir que existe na vida psíquica um estado de sono. Assim, até mesmo a teoria do sono parcial entrou em jogo; mas as características do estado de sono não foram encontradas na desintegração das conexões psíquicas, mas na cessação do sistema psíquico que domina o dia, decorrente do seu desejo de dormir. Retrair-se do mundo exterior conserva a sua importância também para a nossa concepção; embora não seja o único fator, ainda assim ajuda a regressão a tornar possível a representação do sonho. É incontestável que devemos rejeitar o direcionamento voluntário do fluxo de representações, mas a vida psíquica não se torna desprovida de propósito, pois vimos que, após o abandono da representação final desejada, as indesejadas assumem o comando. Não apenas reconhecemos as frouxas conexões associativas dos sonhos, mas colocamos sob seu controle um território muito maior do que se poderia supor. Descobrimos, no entanto, que essas conexões frouxas são apenas um falso substituto de outras, que são corretas e sensatas. Na verdade, também consideramos os sonhos absurdos, mas pudemos aprender por meio de exemplos o quanto eles são realmente sábios quando simulam o absurdo. Não negamos nenhuma das funções atribuídas aos sonhos. O fato de que eles aliviam a mente como uma válvula de segurança – e que, de acordo com a afirmação de Robert, a representação nos sonhos torna inócuos todos os tipos de material prejudicial – não apenas coincide exatamente com a nossa teoria da dupla realização dos desejos nos sonhos, mas também nas próprias palavras de Robert, torna-se ainda mais compreensível para nós do que para o próprio Robert. A plena liberdade da psique no jogo de suas faculdades encontra expressão em nós na não interferência no sonho por parte da atividade pré-consciente. O "retorno da mente, nos sonhos, ao estado embrionário da vida psíquica" e a observação de Havelock Ellis[42] – "um mundo arcaico de vastas emoções e pensamentos imperfeitos" – parecem-nos felizes antecipações de nossas próprias deduções no sentido de que modos primitivos de atividade que são suprimidos durante o dia participam da formação dos sonhos; para nós, assim como para Delage[43], o material suprimido torna-se a força propulsora dos sonhos.

Reconhecemos plenamente o relevante papel que Scherner atribui à fantasia onírica, e até mesmo às interpretações desse autor; mas fomos obrigados, por assim dizer, a conduzi-las a outro departamento do problema. Não é o sonho que produz a fantasia, mas a fantasia inconsciente que desempenha a função principal na formação dos pensamentos oníricos. Estamos em dívida de gratidão com Scherner por sua descoberta da origem dos pensamentos oníricos, mas quase tudo o que ele atribui ao trabalho do sonho é atribuível à atividade do inconsciente, que atua durante o dia e fornece estímulos não apenas para sonhos, mas também para sintomas neuróticos. Tivemos de separar o trabalho do sonho dessa atividade por ser algo totalmente diferente e muito mais restrito. Por fim, não abandonamos de forma alguma a relação entre o sonho e os distúrbios mentais, mas, pelo contrário, demos-lhe uma base mais sólida.

Assim, graças à coesão propiciada pelo novo material da nossa teoria como que por uma unidade superior, constatamos que se enquadram na nossa estrutura as conclusões mais variadas e mais contraditórias das autoridades; algumas delas têm disposições diferentes, e apenas algumas poucas são rejeitadas por completo. Mas a nossa própria estrutura ainda está inacabada. Pois, desconsiderando as muitas obscuridades que necessariamente encontramos no nosso avanço ao abrir caminho trevas da psicologia adentro, ao que parece somos agora perturbados por uma nova contradição. Por um lado, permitimos que os pensamentos oníricos procedam de operações mentais perfeitamente normais, ao passo que, por outro lado, descobrimos entre os pensamentos oníricos uma série de processos mentais inteiramente anormais que se estendem em igual medida aos conteúdos oníricos. Estes, por conseguinte, repetimos na interpretação dos sonhos. Tudo o que denominamos "trabalho do sonho" parece tão distante dos processos psíquicos por nós reconhecidos como corretos que os julgamentos mais severos dos autores quanto à ínfima atividade psíquica dos sonhos nos parecem bem fundamentados.

Talvez somente por meio de um avanço ainda maior seja possível alcançarmos a elucidação e os aperfeiçoamentos. Escolherei para análise uma das conjunturas que levam à formação dos sonhos.

Aprendemos que os sonhos substituem uma série de pensamentos derivados da vida cotidiana que são formados de maneira perfeitamente lógica. Não podemos, portanto, duvidar de que esses pensamentos se originam da nossa vida mental normal. Todas as qualidades que estimamos em nossas operações mentais, e que as distinguem como atividades complexas de ordem superior, encontramos repetidas nos pensamentos oníricos. Não há, contudo, necessidade de presumir que esse trabalho mental seja realizado durante o sono, pois isso prejudicaria substancialmente a concepção do estado psíquico de sono a qual adotamos até aqui. É bem possível que esses pensamentos tenham surgido durante o dia e, passando despercebidos por nossa consciência desde a sua formação, podem ter continuado a se desenvolver até ficarem completos ao iniciar-se o sono. Se esse estado de coisas nos permite concluir algo, é que no máximo serve de prova de que as mais complexas operações do pensamento são possíveis sem a cooperação da consciência, o que de qualquer modo já aprendemos por meio de toda psicanálise de pessoas que sofrem de histeria ou obsessões. Esses pensamentos oníricos certamente não são em si mesmos incapazes de consciência; se eles não se tornaram conscientes para nós durante o dia, é possível que tenha havido diversas razões para isso. O estado de tomada de consciência depende do exercício de determinada função psíquica, a saber, a atenção, que parece estar disponível apenas em uma quantidade definida, que pode ter sido retirada da cadeia de pensamentos em questão para outros objetivos. Outra maneira pela qual é possível manter esses fluxos mentais afastados da consciência é a seguinte: nossa reflexão consciente nos ensina que, ao exercermos a atenção, seguimos um curso definido. Mas se esse caminho nos leva a encontrar uma ideia que não resiste à crítica, nós o interrompemos e deixamos de lhe dirigir a nossa atenção. Ora, aparentemente o fluxo de pensamento assim iniciado e abandonado pode continuar a se desenrolar sem reaver a atenção, a menos que atinja um ponto de intensidade especialmente acentuada que exija o retorno da atenção. Uma rejeição inicial, provocada talvez conscientemente pelo julgamento com base na incorreção ou inadequação para o propósito real do ato mental, pode, portanto, explicar o fato de que um processo mental continua até o início do sono, sem ser percebido pela consciência.

Recapitulando: a esse tipo de fluxo de pensamento chamamos de "pré-consciente"; acreditamos que seja perfeitamente correto e que pode muito bem ter sido uma cadeia de pensamentos negligenciada ou interrompida e suprimida. Afirmemos também, com franqueza, de que maneira concebemos essa cadeia de representações: acreditamos que certa quantidade de excitação, a que chamamos de "energia de ocupação", é deslocada de uma apresentação final ao longo das vias associativas selecionadas por essa apresentação final. Uma cadeia de pensamentos "negligenciada" é a que não recebeu essa ocupação, e uma cadeia de pensamentos "reprimida" ou "rejeitada" é aquela da qual essa ocupação foi retirada; portanto, ambas são deixadas às suas próprias emoções. O fluxo final de pensamentos abastecido de energia é, sob certas condições, capaz de atrair para si a atenção da consciência, por meio da qual recebe, então, um "excedente de energia". Seremos obrigados, um pouco mais adiante, a elucidar nossa suposição relativa à natureza e à atividade da consciência.

Uma linha de pensamento assim incitada no pré-consciente pode desaparecer espontaneamente ou continuar. Concebemos o primeiro resultado da seguinte forma: a cadeia de pensamentos difunde sua energia por todos os caminhos de associação que dela emanam e lança toda a cadeia de ideias em um estado de excitação que, depois de durar algum tempo, diminui por meio da transformação da excitação que exige uma saída para a energia adormecida.[1] Se esse primeiro resultado for provocado, o processo não terá mais significado para a formação do sonho. Mas outras representações com finalidade estão à espreita no nosso pré-consciente, originadas nas fontes do nosso inconsciente e nos desejos sempre ativos. Estes podem tomar posse das excitações no círculo de pensamento que foi deixado por conta própria, estabelecer uma conexão entre esse círculo e o desejo inconsciente e transferir para ele a energia inerente ao desejo inconsciente. Daí em diante, a cadeia de pensamentos negligenciada ou suprimida estará em condições de persistir, embora esse reforço não a ajude a obter acesso à consciência. Podemos dizer que a cadeia de pensamentos, até então pré-consciente, foi "arrastada" para o inconsciente. Outras conjunturas para a formação do sonho surgiriam se a cadeia de pensamentos pré-consciente estivesse desde o início ligada ao

---

[1] Cf. as significativas observações de J. Breuer em nosso *Studies on hysteria* (1895), 2ª ed., 1909.

desejo inconsciente e, por essa razão, fosse rejeitada pela ocupação final predominante; ou se um desejo inconsciente fosse ativado por outras razões – possivelmente somáticas – e por si só buscasse uma transferência para os resíduos psíquicos não ocupados pelo pré-consciente. Todos esses três casos finalmente se combinam em um único resultado, de modo que se estabelece no pré-consciente uma cadeia de pensamentos que, tendo sido abandonada pela ocupação pré-consciente, recebe uma ocupação de energia do desejo inconsciente. A cadeia de pensamentos é, daí em diante, submetida a uma série de transformações que já não reconhecemos como processos psíquicos normais e que nos dão um resultado desconcertante, a saber, uma formação psicopatológica. Vamos enfatizar e agrupar esses processos.

I. As intensidades das ideias individuais tornam-se passíveis de descarga na sua totalidade e, passando de uma concepção a outra, formam representações únicas dotadas de acentuada intensidade. Por meio da recorrência desse processo, a intensidade de toda uma série de ideias pode, em última análise, ser reunida em um único elemento de representação. Trata-se do princípio da compressão ou condensação. É a condensação a principal responsável pela estranha impressão dos sonhos, pois não conhecemos nada que seja análogo a ela na vida psíquica normal e acessível à consciência. Encontramos aqui, também, representações que têm grande significado psíquico como junções ou resultados finais de cadeias inteiras de pensamento; mas essa validade não se manifesta em nenhum caráter suficientemente visível para a percepção interna;

portanto, o que foi apresentado nele não se torna de forma alguma mais intensivo. No processo de condensação, toda a conexão psíquica se transforma em uma intensificação do conteúdo da representação. É o mesmo que acontece quando, na preparação de um livro para publicação, faço com que as palavras às quais quero dar ênfase para a melhor compreensão do texto sejam impressas com espaçamento especial ou letras em negrito. Na fala, a mesma palavra seria pronunciada em voz alta, com deliberado vigor. A primeira comparação nos leva imediatamente a um exemplo retirado do capítulo sobre "o trabalho do sonho" (a trimetilamina no sonho da injeção de minha paciente Irma). Os historiadores da arte chamam a atenção para o fato de que as esculturas históricas mais antigas seguem um princípio semelhante ao expressar a posição das pessoas representadas pelo tamanho da estátua. O rei é duas ou três vezes maior que sua comitiva ou o inimigo derrotado. Porém, uma obra de arte do período romano utiliza meios mais sutis para atingir o mesmo propósito. A figura do imperador é colocada no centro em postura firmemente ereta; há especial cuidado com a modelagem adequada de sua figura; seus inimigos são vistos encolhidos e encurvados a seus pés; mas ele não é mais representado como um gigante entre os anões. Contudo, a reverência do subordinado diante de seu superior nos dias de hoje é apenas um eco desse antigo princípio de representação. A direção tomada pelas condensações do sonho é prescrita, por um lado, pelas verdadeiras relações pré-conscientes dos pensamentos oníricos e, por outro, pela atração dos resíduos visuais no inconsciente. O sucesso do trabalho de condensação produz as intensidades necessárias para a penetração nos sistemas de percepção.

2. Por meio da livre transferibilidade das intensidades e a serviço da condensação, formam-se apresentações intermediárias – acordos de conciliação, por assim dizer – (ver os numerosos exemplos que forneci). Da mesma forma, isso é algo inaudito no curso normal de apresentação, em que se trata acima de tudo de uma questão de seleção e retenção do elemento de apresentação "adequado". Por outro lado, as formações compostas e os acordos de conciliação ocorrem com extraordinária frequência quando tentamos encontrar a expressão linguística para pensamentos pré-conscientes na fala; estes são considerados "lapsos de linguagem".

3. As apresentações que transferem suas intensidades umas para as outras mantêm entre si as relações mais frouxas; o que as vincula são formas de associação rejeitadas por nosso pensamento sério e relegadas à produção do efeito jocoso. Entre elas, encontramos as associações sonoras (homofonia) e alguns tipos de consonância.

4. Os pensamentos contraditórios não procuram eliminar-se mutuamente, mas permanecem lado a lado. Muitas vezes, unem-se para produzir condensação como se não existisse contradição, ou formam acordos de conciliação pelos quais nunca deveríamos perdoar os nossos pensamentos, mas que, com frequência, aprovamos nas nossas ações.

Esses são alguns dos processos anormais mais evidentes aos quais os pensamentos previamente formados de modo racional são submetidos no decorrer do trabalho do sonho. Como principal característica desses processos, reconhecemos a grande importância atribuída ao fato de tornar a energia de ocupação móvel e passível de descarga; o conteúdo e o significado real dos elementos psíquicos, aos quais essas energias aderem, passam a ser uma questão de importância secundária. Seria possível pensar que a condensação e a formação do acordo de conciliação são efetuadas apenas a serviço da regressão, quando surge a ocasião para transformar pensamentos em imagens. Mas a análise e – de maneira ainda mais nítida – a síntese de sonhos que carecem de regressão a imagens (por exemplo, o sonho *"Autodidasker – conversa com o conselheiro N."*) mostram os mesmos processos de deslocamento e condensação que os demais.

Portanto, não podemos nos furtar a reconhecer que tipos de processos psíquicos essencialmente diferentes participam da formação dos sonhos; um deles produz pensamentos oníricos perfeitamente corretos, equivalentes aos pensamentos normais, ao passo que o outro aborda essas ideias de maneira bastante desconcertante e incorreta. Este último processo nós já distinguimos como o trabalho do sonho propriamente dito. Que elucidações temos agora a apresentar em relação a esse processo psíquico?

Não seríamos capazes de responder aqui a essa indagação se não tivéssemos penetrado consideravelmente na psicologia das neuroses, sobretudo da histeria, pois, a partir disso, aprendemos que os mesmos processos psíquicos incorretos – assim como outros que não enumeramos – regem a produção dos sintomas histéricos. Também na histeria encontramos de imediato uma série de pensamentos perfeitamente corretos, equivalentes aos nossos pensamentos conscientes, de cuja existência, contudo, nessa forma nada podemos aprender, e só conseguimos reconstruí-los *a posteriori*. Se de alguma força eles abriram caminho à força até a nossa percepção, descobrimos, pela análise do sintoma produzido, que esses pensamentos normais foram submetidos a um tratamento anormal e *foram transformados no sintoma por meio da condensação e da formação de acordos de conciliação, através de associações superficiais, sob a cobertura de contradições e, por fim, ao longo da via da regressão.* Em vista da completa identidade encontrada entre as peculiaridades do trabalho do sonho e da atividade psíquica que deságua nos sintomas psiconeuróticos, devemos nos julgar autorizados a transferir para o sonho as conclusões que a histeria nos impõe. Da teoria da histeria, tomamos emprestada a proposição de que a elaboração psíquica anormal de uma cadeia de pensamento normal ocorre somente quando esta última for utilizada para a transferência de um desejo inconsciente que remonta à vida infantil e está em estado de recalque. De acordo com essa tese, construímos a teoria do sonho com base na suposição de que os desejos oníricos atuantes invariavelmente se originam no inconsciente, pressuposto que, como nós mesmos estamos dispostos a admitir, não pode ser demonstrado de maneira universal, embora tampouco possa ser refutado. Porém, para explicar o verdadeiro significado do termo "recalque", que empregamos tão livremente, seremos obrigados a fazer mais alguns acréscimos à nossa construção psicológica. Já elaboramos aqui a ficção de um aparelho psíquico primitivo, cujo trabalho é regulado pelos esforços para evitar a acumulação de excitação e, tanto quanto possível, para se manter livre dela. Por essa razão, ele foi construído segundo o esquema de um aparelho reflexo; a motilidade, originalmente o caminho para alterações corporais internas, constituía uma via de descarga à disposição desse aparelho. Em seguida, discutimos os resultados psíquicos de um sentimento de gratificação e a isso pudemos, ao mesmo tempo, acrescentar a segunda hipótese, a saber: esse acúmulo de excitação – seguindo certas modalidades que não nos dizem respeito – é vivenciado como dor e desprazer e aciona o aparelho para repetir um sentimento de satisfação em que o decréscimo da excitação é sentido como prazer. A essa corrente que no aparelho emana da dor e busca o prazer, chamamos de "desejo". Afirmamos que nada além de um desejo é capaz de pôr o aparelho em movimento, e que a descarga de excitação no aparelho é regulada automaticamente pela percepção do prazer e da dor. O primeiro desejo deve ter sido uma ocupação alucinatória da memória em busca de gratificação. Mas essa alucinação, a menos que fosse mantida até a exaustão, revelou-se insuficiente para proporcionar a cessação do desejo e, por conseguinte, de assegurar o prazer ligado à satisfação.

Destarte, foi necessária uma segunda atividade – em nossa terminologia, a atividade de um segundo sistema – que não permitisse à ocupação da memória avançar até a percepção e, a partir daí, restringir as forças psíquicas, mas, sim, que desviasse a excitação – oriunda do estímulo do anseio ardente – por um caminho tortuoso e indireto por meio da motilidade espontânea, que, em última análise, poderia alterar o mundo exterior de modo a permitir que ocorresse uma percepção real do objeto de gratificação. Até aqui, elaboramos o esquema do aparelho psíquico; esses dois sistemas são o germe do inconsciente e pré-consciente, que incluímos no aparelho plenamente desenvolvido.

Para estar em condições de mudar com sucesso o mundo exterior por meio da motilidade, é necessário o acúmulo de uma grande soma de experiências nos sistemas mnêmicos, bem como uma fixação múltipla das relações que são evocadas nesse material de memória por diferentes apresentações com finalidade. Prosseguimos agora com nossa suposição. A atividade múltipla do segundo sistema, que se alterna entre enviar e retirar energia provisoriamente, deve, por um lado, ter pleno domínio sobre todo o material da memória, mas, em contrapartida, seria um gasto supérfluo enviar para os caminhos mentais individuais grandes quantidades de energia, que escoariam sem nenhum propósito útil, diminuindo a quantidade disponível para transformar o mundo exterior. Em nome da conveniência, postulo, então, que o segundo sistema consegue manter a maior parte da energia de ocupação em um estado dormente e usar apenas uma pequena porção para fins de deslocamento. Os mecanismos desses processos me são totalmente desconhecidos. Qualquer um que deseje seguir essas ideias deve tentar procurar as analogias físicas e preparar o caminho para uma demonstração do processo de movimento na estimulação do neurônio. Insisto apenas na ideia de que a atividade do primeiro Sistema ψ (Psi) é direcionada para o livre escoamento (para o exterior) das quantidades de excitação, e que o segundo sistema, por meio das energias que dele emanam, provoca uma inibição desse escoamento, ou seja, produz uma transformação em energia adormecida, provavelmente aumentando seu nível. Presumo, portanto, que sob o controle do segundo sistema, em comparação com o primeiro, a descarga da excitação está vinculada a condições mecânicas inteiramente diferentes. Depois que termina seu trabalho mental experimental, o segundo sistema elimina a inibição e o represamento das excitações e permite que estas fluam ao sabor da motilidade. Uma interessante cadeia de pensamentos apresenta-se agora, se considerarmos as relações dessa inibição da descarga pelo segundo sistema com a regulação por meio do princípio da dor. Procuremos a antítese do sentimento primário de satisfação, a saber, o sentimento objetivo de medo. Um estímulo perceptivo atua sobre o aparelho primitivo, tornando-se fonte de uma emoção dolorosa. A isso se seguirão, então, manifestações motoras irregulares e descoordenadas, até que uma faz com que o aparelho se retire da percepção e, ao mesmo tempo, da dor, mas assim que a percepção reaparece, essa manifestação se repete imediatamente (talvez como um movimento de fuga) até a percepção se dissipar de novo. Mas aqui não restará mais nenhuma tendência para ocupar a percepção da fonte da dor sob a forma de uma alucinação ou de qualquer outra forma. Pelo contrário, haverá uma tendência no aparelho primário de abandonar o quadro de memória dolorosa assim que for de alguma forma despertado, pois o transbordamento da sua excitação certamente produziria (ou, em termos mais precisos, começaria a produzir) dor. O desvio para se afastar da lembrança, que nada mais é do que uma repetição da fuga anterior para longe da percepção, é facilitado também pelo fato de que, diferentemente da percepção, a memória não tem qualidade suficiente para excitar a consciência e, assim, atrair para si nova energia.

Esse desvio fácil e regular do processo psíquico para longe da antiga recordação dolorosa apresenta-nos o modelo e o primeiro protótipo da *repressão psíquica*. Como se sabe, uma grande parcela desse desvio para longe do que é doloroso, semelhante ao comportamento do avestruz, pode ser facilmente demonstrada mesmo na vida psíquica normal dos adultos. Em virtude do princípio da dor, o primeiro sistema é, portanto, totalmente incapaz de introduzir qualquer coisa desagradável nas associações mentais. O sistema não pode fazer nada além de desejar. Se esse estado de coisas perdurasse, a atividade mental do segundo sistema, que deveria ter à sua disposição *todas* as memórias armazenadas pelas experiências, seria obstruída. Mas agora estão abertos dois caminhos: o trabalho do segundo sistema ou se liberta completamente do princípio da dor e segue seu caminho, sem prestar atenção à reminiscência dolorosa, ou consegue ocupar a memória dolorosa de uma maneira que impede a liberação da dor. Podemos descartar a primeira possibilidade, pois o princípio da dor se manifesta, também, como regulador da descarga emocional do segundo sistema. Somos, portanto, direcionados para a segunda possibilidade, a saber que esse sistema ocupa uma reminiscência de modo a inibir a sua descarga e, portanto, também a inibir a descarga comparável a uma inervação motora para o desenvolvimento da dor. Assim, a partir de duas direções possíveis, somos levados à hipótese de que a ocupação por meio do segundo sistema é ao mesmo tempo uma inibição da descarga emocional, ou seja, considerando-se o princípio da dor e o princípio do menor dispêndio de inervação. Contudo, vamos nos ater ao fato – esta é a chave da teoria do recalque – de que o segundo sistema só é capaz de ocupar uma ideia quando está em condições de impedir o desenvolvimento da dor que dela emana. Tudo o que se retira dessa inibição também permanece inacessível ao segundo sistema e logo será abandonado devido ao princípio da dor. A inibição da dor, contudo, não precisa ser completa; deve ter permissão para começar, pois indica ao segundo sistema a natureza da memória e possivelmente a sua adaptação defeituosa para o propósito que a mente procura. Ao processo psíquico admitido apenas pelo primeiro sistema, chamarei de "processo primário"; e, ao que resulta da inibição do segundo sistema, de "processo secundário". Recorrendo a outro ponto, mostro com que propósito o segundo sistema é obrigado a corrigir o processo primário. O processo primário busca uma descarga da excitação a fim de estabelecer uma "identidade perceptiva" com a soma da excitação assim reunida; já o processo secundário abandonou essa intenção e assumiu, em vez disso, a tarefa de criar uma "identidade de pensamento". Todo ato de pensar é apenas um caminho tortuoso e indireto que vai da memória da satisfação tomada como uma representação com meta até a ocupação idêntica da mesma lembrança, que deve ser novamente alcançada no caminho das experiências motoras. O estado de pensamento deve se interessar pelos caminhos de ligação entre as representações sem se deixar enganar pela intensidade delas. Mas é óbvio que as condensações e as formações intermediárias ou decorrentes de acordos de conciliação que ocorrem nas apresentações impedem a obtenção dessa identidade final; ao substituir uma ideia por outra, desviam-se do caminho que de outra forma teria sido continuado a partir da ideia original. Esses processos são, portanto, meticulosamente evitados no pensamento secundário. Também não é difícil compreender que o princípio da dor impede o progresso do fluxo mental na sua busca da identidade de pensamento, embora, na verdade, ofereça a ele os pontos de partida mais importantes. Portanto, a tendência do processo de pensamento deve ser a de se livrar cada vez mais da regulação exclusiva pelo princípio da dor e, por meio do trabalho da mente, restringir o desenvolvimento afetivo ao mínimo necessário para que atue como sinal. Esse refinamento da atividade deve ser alcançado por meio de uma recente ocupação excessiva de energia promovida pela consciência. Mas sabemos que raras vezes esse refinamento é alcançado com êxito completo, mesmo na vida psíquica mais normal, e que os nossos pensamentos permanecem sempre acessíveis à falsificação via interferência do princípio da dor. Essa, contudo, não é a brecha na eficiência funcional do nosso aparelho psíquico, por meio da qual os pensamentos que formam o material do trabalho mental secundário são capazes de abrir caminho para o processo psíquico primário – com cuja fórmula podemos agora descrever o trabalho que leva ao sonho e aos sintomas histéricos. Esse caso de insuficiência resulta da união dos dois fatores derivados da história da nossa evolução; um deles pertence exclusivamente ao aparelho psíquico e exerce influência determinante na relação entre os dois sistemas, ao passo que o outro opera de forma variável e introduz na vida psíquica forças motrizes de origem orgânica. Ambos têm origem na vida infantil e resultam da transformação pela qual passou o nosso organismo psíquico e somático desde a infância. Quando denominei um dos processos psíquicos do aparelho psíquico de "processo primário", fiz isso não apenas considerando a ordem de precedência e capacidade, mas também indicando na nomenclatura as relações temporais. Até onde nosso conhecimento permite saber, não existe nenhum aparelho psíquico que detenha apenas o processo primário, que, nessa medida, é uma ficção teórica; mas muita coisa se baseia no fato de que os processos primários estão presentes no aparelho desde o início, ao passo que somente no decorrer da vida os processos secundários se desenvolvem gradualmente, inibindo os primários e a eles se sobrepondo, e talvez apenas no auge da vida cheguem a adquirir completa supremacia sobre eles. Como consequência desse aparecimento tardio dos processos secundários, a essência do nosso ser, constituída por sentimentos de desejo inconscientes, não pode ser apreendida, tampouco inibida pelo pré-consciente, cujo papel se restringe de uma vez por todas a direcionar os caminhos mais adequados para os sentimentos de desejo originados no inconsciente. Esses desejos inconscientes estabelecem para todos os esforços psíquicos subsequentes uma força compulsiva à qual eles têm de se submeter e de cujo curso devem se esforçar, se possível, para se desviar, direcionando-se a objetivos mais elevados. Também como resultado desse atraso da ocupação do pré-consciente, uma larga esfera do material da memória permanece inacessível.

Entre esses sentimentos de desejo indestrutíveis e desobstruídos, originados da vida infantil, há também alguns cuja realização seria uma contradição com a apresentação final do pensamento secundário. A realização desses desejos não produziria mais um afeto de prazer, mas, sim, de dor; e é justamente essa transformação do afeto que constitui a natureza daquilo que chamamos de "repressão" ou "recalque", na qual reconhecemos o primeiro passo infantil de proferir um juízo adverso ou de rejeitar por meio da razão. Investigar de que maneira e devido a quais forças motrizes essa transformação pode ser produzida constitui o problema da repressão, da qual aqui precisamos tratar apenas de modo superficial. Será suficiente observar que essa transformação de afeto ocorre no decurso do desenvolvimento (pode-se pensar no aparecimento, na vida infantil, da repulsa, que originalmente estava ausente) e que ela está relacionada à atividade do sistema secundário. As lembranças das quais o desejo inconsciente provoca a descarga emocional nunca foram acessíveis ao pré-consciente, e por essa razão a sua descarga emocional não pode ser inibida. É precisamente por causa desse desenvolvimento afetivo que as ideias ainda não são acessíveis aos pensamentos pré-conscientes, para os quais transferiram sua força de desejo. Pelo contrário, o princípio da dor entra em ação e leva o pré-consciente a se desviar desses pensamentos de transferência. Estes, entregues à própria sorte, são "reprimidos" ou "recalcados", e assim a existência de um estoque de memórias infantis, desde o início subtraídas do pré-consciente, torna-se a condição preliminar da repressão. Nos casos mais favoráveis, o desenvolvimento da dor termina assim que a energia é retirada dos pensamentos de transferência no pré-consciente, e esse efeito caracteriza como oportuna a intervenção do princípio da dor. É diferente, contudo, quando o desejo inconsciente recalcado recebe um reforço orgânico, que ele pode emprestar aos seus pensamentos de transferência e por meio do qual pode capacitá-los a empreender uma tentativa de penetração com a sua excitação, mesmo depois de terem sido abandonados pela ocupação do pré-consciente. Segue-se, então, uma luta defensiva na medida em que o pré-consciente reforça seu antagonismo contra as ideias reprimidas e, subsequentemente, leva a uma penetração dos pensamentos de transferência (os veículos do desejo inconsciente), em alguma forma de acordo de conciliação obtido via formação de sintomas. Porém, a partir do momento em que são intensamente ocupados pelo sentimento de desejo inconsciente e por outro lado abandonados pela ocupação pré-consciente, os pensamentos recalcados sucumbem ao processo psíquico primário e lutam apenas pela descarga motora; ou, se o caminho estiver livre, para a revivificação alucinatória da identidade perceptiva desejada. Já descobrimos anteriormente, de forma empírica, que os processos incorretos descritos são executados apenas com pensamentos que existem sob a repressão. Agora, compreendemos outra parte da conexão. Esses processos incorretos são os sistemas primários do aparelho psíquico; eles aparecem onde quer que os pensamentos abandonados pela ocupação pré-consciente sejam deixados por sua própria conta e possam ser preenchidos com a energia sem inibições, que busca um escoadouro do inconsciente. Podemos acrescentar mais algumas observações para corroborar a concepção de que esses processos, designados como "incorretos", não são na verdade falsificações do pensamento normal defeituoso, mas modos de atividade do aparelho psíquico quando se veem livres de inibição. Vemos, assim, que a transferência da excitação pré-consciente para a motilidade ocorre sob a batuta dos mesmos processos, e que a vinculação das apresentações pré-conscientes com as palavras manifesta prontamente os mesmos deslocamentos e misturas que são atribuídos à desatenção.

Por fim, eu gostaria de apresentar a prova de que o aumento do trabalho resulta necessariamente da inibição desses cursos primários, pelo fato de ganharmos um efeito cômico, um excedente de energia a ser descarregado pelo riso, se permitirmos que essas cadeias de pensamento cheguem à consciência.

A teoria das psiconeuroses assevera com total certeza que apenas os sentimentos de desejos sexuais da vida infantil sofrem repressão (transformação emocional) durante o período de desenvolvimento da infância. Estes são capazes de retornar à atividade em um período posterior de desenvolvimento e são passíveis de reavivamento, seja como consequência da constituição sexual do indivíduo – que, na verdade, deriva da bissexualidade original –, seja como consequência de influências desfavoráveis do sistema sexual; portanto, fornecem a força motriz que impulsiona toda sorte de formações de sintomas psiconeuróticos. Somente por meio da introdução destas forças sexuais é que poderão ser preenchidas as lacunas ainda demonstráveis na teoria da repressão. Deixarei em aberto a questão de se o postulado dos fatores sexuais e infantis também pode ser proposto para a teoria dos sonhos; ficará inacabada essa teoria aqui porque já dei um passo além do demonstrável ao assumir que os desejos oníricos se originam invariavelmente no inconsciente.[II] Tampouco investigarei mais a fundo a diferença no jogo

---

II Aqui, e em outros trechos, há no tratamento do tema algumas lacunas que deixei intencionalmente, porque as preencher exigiria, por um lado, um esforço muito grande e, por outro, uma extensa referência a materiais alheios ao sonho. Assim, evitei afirmar se vinculo à palavra "suprimido" outro sentido que não o da palavra "reprimido" ou "recalcado". Ficou claro apenas que estes últimos enfatizam mais do que o primeiro a relação com o inconsciente. Não entrei

das forças psíquicas na formação dos sonhos e na dos sintomas histéricos, pois, para isso, deveríamos deter um conhecimento mais explícito de um dos temas a serem comparados. Mas considero outro ponto importante e confessarei aqui que foi precisamente por causa dele que acabo de empreender toda a discussão relativa aos dois sistemas psíquicos, aos seus modos de funcionamento e ao recalque. Pois agora não importa se concebi de maneira aproximadamente correta as relações psicológicas em questão ou, como é muito possível em temas tão difíceis, de forma equivocada e fragmentária. Quaisquer que sejam as alterações a serem feitas na interpretação da censura

---

no problema cognato de por que os pensamentos oníricos também sofrem distorção por parte da censura quando abandonam a continuação progressiva para a consciência e escolhem o caminho da regressão. Tenho estado acima de tudo ansioso por despertar o interesse pelos problemas aos quais conduz a análise mais aprofundada do trabalho do sonho e por indicar os outros temas que serão afins a este ao longo do caminho. Nem sempre foi fácil decidir em que ponto a perseguição deveria ser interrompida. O fato de eu não ter tratado exaustivamente o papel desempenhado pela vida psicossexual no sonho e de ter evitado a interpretação de sonhos de conteúdo sexual óbvio deve-se a uma razão especial que talvez não corresponda às expectativas do leitor. Na verdade, está muito longe das minhas ideias e dos princípios por mim expressos em neuropatologia considerar a vida sexual como um *pudendum*, que deveria ser ignorado pelos médicos e investigadores científicos. Também considero ridícula a indignação moral que levou o tradutor de Artemidoro de Daldis a ocultar do conhecimento do leitor o capítulo que versava sobre sonhos sexuais contido em *O simbolismo dos sonhos*. Quanto a mim, fui movido apenas pela convicção de que, na explicação dos sonhos sexuais, eu seria obrigado a me enredar profundamente nos problemas ainda inexplicados da perversão e da bissexualidade, razão pela qual reservei esse material para outra ocasião.

psíquica e na elaboração correta e anormal do conteúdo dos sonhos, continua a ser válido o fato de que esses processos atuam ativamente na formação dos sonhos e mostram em essência uma analogia das mais estreitas com os processos observados na formação dos sintomas histéricos. Os sonhos não são fenômenos patológicos e não deixam atrás de si um rastro de enfraquecimento das faculdades mentais. É possível rejeitar sem maiores comentários a objeção de que não é possível extrair nenhuma dedução a respeito dos sonhos de pessoas saudáveis a partir dos meus próprios sonhos e dos sonhos de pacientes neuróticos. Portanto, quando tiramos conclusões dos fenômenos quanto às suas forças motrizes e impulsoras, reconhecemos que o mecanismo psíquico utilizado pelas neuroses não é criado pelo impacto de uma perturbação mórbida da vida psíquica, mas já se encontra presente e pronto na estrutura normal do aparelho psíquico. Os dois sistemas psíquicos, a censura no cruzamento entre um e outro, a inibição e o encobrimento de uma atividade pela outra, as relações de ambos com a consciência – ou o que quer que possa oferecer uma interpretação mais correta das condições reais em seu lugar –, tudo isso faz parte da estrutura normal do nosso instrumento psíquico, e os sonhos nos indicam um dos caminhos que conduzem ao conhecimento dessa estrutura. Se, além do nosso conhecimento, quisermos nos contentar com um mínimo que já foi perfeitamente estabelecido, diremos que os sonhos nos dão a prova de que o material suprimido continua a existir até mesmo nas pessoas normais e permanece capaz de atividade psíquica. Os próprios sonhos são manifestações desse material reprimido; em teoria, isso é verdade em todos os casos; de acordo com substancial experiência, isso é verdade pelo menos em um grande número daqueles que exibem de forma mais visível as características notáveis da vida onírica. O material psíquico suprimido, que no estado de vigília foi impedido de se expressar e cortado da percepção interna pelo ajuste antagônico das contradições, durante a noite encontra formas e meios de se intrometer na consciência, sob o domínio das formações de acordos de conciliação. *"Flectere si nequeo superos, Acheronta movebo"* [Se não posso dobrar os céus, moverei o Aqueronte (o inferno)]. De qualquer forma, a interpretação dos sonhos é a via régia para o conhecimento do inconsciente na vida psíquica. Por meio da análise dos sonhos, fizemos alguns progressos no sentido de chegar a um entendimento da composição desse que é o mais maravilhoso e misterioso dos instrumentos; certamente não fomos muito longe, mas já fizemos o bastante para um começo que nos permite avançar, com base em outras estruturas ditas patológicas, em direção a uma análise aprofundada do inconsciente. As enfermidades – pelo menos aquelas que são corretamente denominadas "funcionais" – não se devem à destruição desse aparelho e ao estabelecimento de novas cisões em seu interior; antes, devem ser explicadas dinamicamente por meio do fortalecimento e do enfraquecimento dos componentes em ação no jogo de forças pelo qual tantas atividades ficam ocultas durante a função normal. Conseguimos demonstrar em outro texto como a composição do aparelho a partir dos dois sistemas permite um refinamento até mesmo da atividade normal que seria impossível para um único sistema.

CAPÍTULO 9

O INCONSCIENTE E O CONSCIENTE – REALIDADE

m uma análise mais detida, descobrimos que não se trata da existência de dois sistemas próximos à extremidade motora do aparelho, mas da existência de dois tipos de processos ou modos de descarga emocional, cuja suposta existência foi explicada nas discussões psicológicas do capítulo anterior. Para nós, isso dá no mesmo, pois devemos estar sempre preparados para abandonar as nossas ideias auxiliares quando nos julgarmos em posição de substituí-las por outra coisa que se aproxime mais da realidade desconhecida. Tentemos agora corrigir alguns pontos de vista que talvez tenham sido formulados de maneira equivocada enquanto consideramos os dois sistemas, no sentido mais literal e grosseiro, como duas localidades dentro do aparelho psíquico, concepções que deixaram seus vestígios nos termos "repressão" ou "recalque" e "penetração." Assim, quando falamos que uma ideia inconsciente se esforça para ser transferida para o pré-consciente a fim de mais tarde penetrar na consciência, o que temos em mente não é que uma segunda ideia deva ser formada em um novo local, como uma entrelinha perto da qual a original continua a existir. Além disso, quando falamos de penetração na consciência, desejamos cuidadosamente evitar qualquer ideia de mudança de localização. Ao afirmarmos que uma ideia pré-consciente é reprimida e depois assimilada pelo inconsciente, essas imagens, tomadas de empréstimo da ideia de uma disputa por território, podem nos tentar a presumir como verdade literal que um arranjo é rompido em uma dada localidade psíquica e substituído por um novo agrupamento, em outra localidade. Para fazer as comparações, substituímos essas metáforas por algo que pareceria corresponder melhor à verdadeira situação, dizendo em vez disso que uma ocupação energética é deslocada ou retirada de um determinado arranjo, de modo que a formação psíquica cai sob o domínio de um sistema ou dele é subtraída. Aqui, mais uma vez substituímos um modo de apresentação tópico por um dinâmico; não é a formação psíquica que nos aparece como fator motriz, mas sua inervação.

Todavia, considero conveniente e justificável que nos aprofundemos ainda mais na concepção ilustrativa dos dois sistemas. Evitaremos qualquer aplicação errada dessa forma de representação se lembrarmos que as apresentações, os pensamentos e as estruturas psíquicas não devem geralmente estar localizados nos elementos orgânicos do sistema nervoso, mas, por assim dizer, *entre* eles, onde as resistências e os caminhos formam os correlatos correspondentes a eles. Tudo o que pode se tornar objeto de nossa percepção interna é virtual, como a imagem no telescópio produzida pela passagem dos raios de luz. Mas temos razão para supor a existência dos sistemas, que nada têm de psíquico em si e que nunca se tornam acessíveis à nossa percepção psíquica, correspondendo às lentes do telescópio que projetam a imagem. Se prosseguirmos com essa analogia, podemos dizer que a censura entre dois sistemas corresponde à refração que ocorre com os raios de luz durante a sua passagem para um novo meio.

Até aqui, viemos fazendo psicologia por nossa própria conta; agora é hora de examinar as opiniões teóricas que regem a psicologia atual e testar sua relação com nossas teorias. O problema do inconsciente na psicologia é, de acordo com as palavras abalizadas de Lipps[44], menos uma questão psicológica do que uma questão de psicologia. Enquanto a psicologia lidou com essa questão com a explicação verbal de que o "psíquico" significa o "consciente" e que as "ocorrências psíquicas inconscientes" são um óbvio contrassenso, qualquer estimativa psicológica das observações obtidas pelos médicos a partir de estados mentais anormais ficou fora de cogitação. Médicos e filósofos concordam somente quando ambos reconhecem que os processos psíquicos inconscientes são "a expressão apropriada e bem justificada de um fato estabelecido". Aos médicos, resta rejeitar com um encolher de ombros a afirmação de que "a consciência é a qualidade indispensável do psíquico"; se o seu respeito pelas declarações dos filósofos ainda for suficientemente forte, os médicos podem presumir que eles e os filósofos não cuidam do mesmo assunto e não praticam a mesma ciência. Pois uma única observação inteligente da vida psíquica de um neurótico, bem como uma única análise de um sonho lhes imporá a convicção inalterável de que podem ocorrer as mais complexas e racionais operações mentais, às quais ninguém recusará o nome de "ocorrências psíquicas" sem excitar a consciência da pessoa. É verdade que os médicos não tomam conhecimento desses processos inconscientes até que tenham exercido um efeito sobre a consciência que permita a comunicação ou a observação. Mas esse efeito da consciência pode apresentar um caráter psíquico bastante diferente do processo inconsciente, de modo que a percepção interna não pode reconhecer um como substituto do outro. Os médicos devem se reservar o direito de penetrar, por um processo de dedução ou inferência, desde o efeito na consciência até o processo psíquico inconsciente; eles aprendem, assim, que o efeito sobre a consciência é apenas um produto psíquico remoto do processo inconsciente e constatam que este último não se tornou consciente como tal – já existia e estava em operação, sem se revelar de forma alguma à consciência.

Uma reação proveniente da supervalorização da qualidade da consciência torna-se a condição preliminar indispensável para qualquer compreensão correta do comportamento do psíquico. Nas palavras de Lipps, deve-se aceitar que o inconsciente é a base geral da vida psíquica. O inconsciente é o círculo maior que inclui dentro de si o círculo menor do consciente; tudo o que é consciente tem sua etapa preliminar no inconsciente, ao passo que o inconsciente pode parar nessa etapa e ainda assim reivindicar que lhe seja atribuído o valor pleno como atividade psíquica. Em termos mais adequados, o inconsciente é o verdadeiro psíquico; sua natureza interior é tão desconhecida para nós quanto a realidade do mundo exterior, e nos é relatada de maneira tão imperfeita e incompleta pelos dados da consciência quanto o mundo externo por meio das indicações de nossos órgãos sensoriais.

Uma série de problemas oníricos de que se ocuparam intensamente os autores mais antigos será deixada de lado quando a antiga oposição entre a vida consciente e a vida onírica for abandonada e ao psíquico inconsciente for atribuído ao seu devido lugar. Assim, muitas das atividades cuja performance nos sonhos despertavam nosso espanto já não devem mais ser atribuídas ao sonho, mas ao pensamento inconsciente, que é tão ativo durante o dia quanto à noite. Se, segundo Scherner, os sonhos parecem brincar com uma representação simbólica do corpo, sabemos que esse é o trabalho de certas fantasias inconscientes que provavelmente cederam às emoções sexuais, e que essas fantasias encontram expressão não apenas nos sonhos, mas também nas fobias histéricas e em outros sintomas. Se o sonho dá continuidade às atividades diurnas e as conclui, inclusive trazendo à luz inspirações valiosas, temos apenas que subtrair dele o disfarce do sonho como uma façanha do trabalho do sonho e uma marca do auxílio prestado por forças obscuras nas profundezas da mente (*vide* o diabo no sonho de Tartini com sua sonata[45]). A tarefa intelectual em si deve ser atribuída às mesmas forças psíquicas que realizam todas essas tarefas durante o dia. Provavelmente, estamos inclinados em demasia a superestimar o caráter consciente até mesmo das produções intelectuais e artísticas. A partir das comunicações de algumas pessoas extremamente produtivas, como Goethe e Helmholtz[46], aprendemos, de fato, que as partes mais essenciais e originais das suas criações lhes vieram sob a forma de inspirações e já chegaram à sua percepção praticamente concluídas. Não há nada de estranho no auxílio da atividade consciente em outros casos em que houve a necessidade de um esforço conjunto de todas as forças psíquicas. Mas é um privilégio do qual a atividade consciente abusa, sempre que tem permissão para esconder de nós todas as demais atividades das quais participa.

Não valeria muito a pena discutir a significância histórica dos sonhos como um tema especial. Quando, por exemplo, um grande líder for instigado por um sonho a realizar um empreendimento ousado, cujo êxito tenha o efeito de modificar a história do mundo, surgirá um novo problema somente se o sonho, considerado um poder estranho, for contrastado com outras forças psíquicas mais conhecidas. O problema, porém, desaparece quando consideramos o sonho uma forma de expressão de sentimentos que são carregados de resistência durante o dia e que à noite podem receber reforços de profundas fontes emocionais. Mas o grande respeito que os antigos demonstravam pelos sonhos baseia-se em uma suposição psicológica correta. É uma homenagem prestada ao que há de insubmisso e indestrutível na mente humana, e ao demoníaco que fornece os desejos oníricos e que encontramos novamente em nosso inconsciente.

Não é de forma irrefletida que utilizo a expressão "no nosso inconsciente", pois o que assim designamos não coincide com o inconsciente dos filósofos, tampouco com o inconsciente de Lipps. Nestes últimos usos, o termo pretende designar simplesmente o oposto de consciente. Que existam também processos psíquicos inconscientes além dos conscientes é a tese contestada com vigor e defendida com veemência. Lipps nos dá a teoria mais abrangente de que tudo o que é psíquico existe como inconsciente, mas que parte dele também pode existir como consciente. Mas não foi para provar essa teoria que apresentamos os fenômenos oníricos e da formação de sintomas histéricos; a observação da vida normal por si só é suficiente para estabelecer essa verdade, sem sombra de dúvida. O fato novo que descobrimos com a análise das formações psicopatológicas e, com efeito, do primeiro membro dessa classe – os sonhos – é que o inconsciente (isto é, o psíquico) ocorre como uma função de dois sistemas separados, e acontece como tal inclusive na vida psíquica normal. Por conseguinte, existem dois tipos de inconsciente, que a nosso ver os psicólogos ainda não conseguiram diferenciar. Ambos são inconscientes no sentido utilizado pela psicologia; mas, no nosso sentido o primeiro, que chamamos de "inconsciente", é igualmente incapaz de consciência, ao passo que o segundo chamamos de "pré-consciente", porque suas emoções, após a observância de certas regras, conseguem alcançar a consciência, talvez não antes de terem sido mais uma vez censuradas, mas ainda independentemente do sistema inconsciente. O fato de que, para alcançarem a consciência, as emoções devem atravessar uma série inalterável de acontecimentos ou uma sucessão de instâncias, como é revelado por meio das alterações nelas efetuadas pela censura, nos ajudou a construir uma comparação a partir da espacialidade. Descrevemos as relações dos dois sistemas entre si e com a consciência afirmando que o sistema pré-consciente é como uma tela entre o sistema inconsciente e a consciência. O sistema pré-consciente não apenas veda o acesso à consciência, mas também controla a entrada para a motilidade voluntária e é capaz de enviar uma soma de energia móvel, parte da qual conhecemos como "atenção".

Devemos evitar, também, as distinções entre "superconsciente" e "subconsciente", que caíram nas graças na literatura mais recente sobre as psiconeuroses, pois essa distinção parece enfatizar precisamente a equivalência entre o psíquico e o consciente.

Que papel resta agora em nossa descrição da consciência, que outrora era todo-poderosa a ponto de a tudo ofuscar? *Nada mais que o de um órgão sensorial para a percepção de qualidades psíquicas.* De acordo com a ideia fundamental do nosso quadro esquemático, só podemos conceber a percepção consciente como a atividade particular de um determinado sistema independente para o qual a designação "consciente" (abreviado como *Cs.*) parece apropriada. Concebemos esse sistema como semelhante, em suas propriedades mecânicas, ao sistema perceptivo *Pcpt.*, portanto suscetível à excitação por qualidades e incapaz de reter o traço das mudanças, ou seja, é desprovido de memória. O aparelho psíquico que, com os órgãos sensoriais do sistema *Pcpt.*, se volta para o mundo exterior é o mundo exterior para o órgão sensorial da consciência, cuja justificação teleológica depende dessa relação. Aqui, somos mais uma vez confrontados com o princípio da sucessão de instâncias que parece reger a estrutura do aparelho. O material sob excitação flui para o órgão sensorial da consciência vindo de dois lados: primeiro do sistema *Pcpt.*, cuja excitação, determinada em termos qualitativos, provavelmente experimenta uma nova elaboração até chegar à percepção consciente; e, em segundo lugar, do interior do próprio aparelho, cujos processos quantitativos são percebidos como uma série qualitativa de prazer e dor à medida que sofrem certas modificações.

Os filósofos, que aprenderam que estruturas de pensamento corretas e extremamente complexas são possíveis mesmo sem a cooperação da consciência, acharam difícil atribuir qualquer função à consciência; pareceu-lhes um espelhamento supérfluo do processo psíquico aperfeiçoado. A analogia entre nosso sistema da consciência e os sistemas perceptivos nos livra desse constrangimento. Sabemos que a percepção por meio dos nossos órgãos sensoriais resulta no direcionamento da ocupação da atenção para as vias pelas quais é difundida a excitação sensorial que chega até nós; a excitação qualitativa do sistema perceptivo faz as vezes de regulador de descarga da quantidade móvel do aparelho psíquico. Podemos atrelar a mesma função ao órgão sensorial sobreposto do sistema da consciência que, ao perceber novas qualidades, fornece uma nova contribuição para o direcionamento e a distribuição adequada das quantidades móveis de ocupação. Por meio das percepções de prazer e dor, ele influencia o curso das ocupações no âmbito do aparelho psíquico, que normalmente opera de forma inconsciente e por meio do deslocamento de quantidades. É provável que o princípio da dor regule primeiro e automaticamente os deslocamentos das ocupações, mas é bem possível que a consciência dessas qualidades acrescente, ainda, uma segunda regulação, mais sutil, que pode até opor-se à primeira e burilar a eficiência e a capacidade de trabalho do aparelho, colocando-o em uma posição contrária ao seu desígnio original de ocupar e desenvolver até mesmo aquilo que está relacionado com a liberação da dor. Aprendemos com a psicologia das neuroses que uma parte importante da atividade funcional do aparelho é atribuída a essas regulações por meio da excitação qualitativa dos órgãos sensoriais. O controle automático do princípio primário da dor e a restrição da capacidade mental a ele associada são quebrados pelas regulações sensíveis, que, por sua vez, são também automatismos. Aprendemos que o recalque, que, embora de início seja conveniente, termina, no entanto, em uma rejeição prejudicial da inibição e na dominação psíquica, se consuma com muito mais facilidade nas reminiscências do que nas percepções, porque nas primeiras não há aumento na ocupação por meio da excitação dos órgãos sensoriais psíquicos. Quando uma ideia a ser rechaçada não conseguiu tornar-se consciente por ter sucumbido ao recalque, ela só pode ser reprimida em outras ocasiões porque foi subtraída da percepção consciente em virtude de outros motivos. São indícios empregados pelo procedimento terapêutico para provocar uma retrogressão de recalques já efetivados.

O valor da sobreocupação que é produzida pela influência reguladora do órgão sensorial da consciência na quantidade móvel é demonstrado com absoluta clareza na conexão teleológica pela criação de uma nova série de qualidades e, consequentemente, de um novo processo de regulação que constitui a superioridade do ser humano sobre os animais. Isso porque os processos mentais são em si desprovidos de qualidade, exceto pelas excitações prazerosas e dolorosas que os acompanham, as quais, como sabemos, devem ser mantidas sob controle em razão de seu potencial efeito como possíveis perturbações do pensamento. A fim de dotar de qualidades os processos de pensamento, eles são associados, no ser humano, a memórias verbais, cujos resquícios qualitativos bastam para atrair sobre eles a atenção da consciência que, por sua vez, dota o processo de pensamento de uma nova energia móvel.

A multiplicidade dos problemas da consciência só pode ser examinada em sua totalidade por meio de uma análise dos processos mentais na histeria. Em virtude dessa análise, ficamos com a impressão de que a transição do pré-consciente para a ocupação da consciência também está ligada a uma censura semelhante àquela existente entre o inconsciente e o pré-consciente. Essa censura também começa a atuar apenas quando se atinge certo grau quantitativo, de modo que poucas estruturas de pensamento intensas lhe escapam. Todo caso possível de pensamento que pode ser impedido de chegar à consciência, bem como de penetrá-la, dentro de certas restrições, encontra-se incluído no quadro dos fenômenos psiconeuróticos; todos os casos apontam para a ligação íntima e recíproca entre a censura e a consciência. Concluirei essas discussões psicológicas com o relato de duas ocorrências à guisa de exemplos.

Há alguns anos, por ocasião de uma consulta, minha paciente era uma menina inteligente e de aparência inocente. Suas roupas tinham o aspecto estranho; enquanto as outras mulheres geralmente se vestiam com extremo apuro até a última dobra, uma das meias da menina estava frouxa e caída, e dois botões de sua blusa estavam abertos. Ela reclamou de dores em uma das pernas e, sem que eu solicitasse, exibiu a perna. Sua principal queixa, porém, era a seguinte, em suas próprias palavras: *a sensação de que havia algo "enfiado" dentro de seu corpo, algo que parecia preso e se sacudia de um lado para o outro e a sacudia sem parar. Por vezes, isso fazia seu corpo inteiro enrijecer.* Ao ouvir isso, meu colega médico que acompanhava a consulta olhou para mim; a reclamação era bastante clara para ele. Para nós dois, pareceu estranho que a mãe da paciente fizesse pouco-caso do problema; é claro que ela própria devia ter sentido repetidas vezes a mesma situação descrita pela filha. Quanto à menina, não tinha noção do significado de suas palavras, caso contrário jamais teria permitido que passassem por seus lábios. Aqui, a censura foi ludibriada com tanto êxito e facilidade que, sob a máscara de uma queixa inocente, admitiu-se na consciência uma fantasia que de outra forma teria permanecido no pré-consciente.

Outro exemplo: iniciei o tratamento psicanalítico de um menino de 14 anos que sofria de tiques convulsivos, vômitos histéricos, dor de cabeça etc., assegurando-lhe que, depois de fechar os olhos, ele veria cenas ou teria ideias que eu solicitei que me relatasse. Ele respondeu descrevendo imagens. A última impressão que ele recebeu antes de vir à consulta foi revivida visualmente em sua memória. Ele havia jogado damas com o tio e agora via diante de si o tabuleiro. Ele comentou sobre diversas posições favoráveis e desfavoráveis das peças, sobre jogadas e movimentos que não era seguro fazer. Em seguida, viu por sobre o tabuleiro uma adaga, objeto que pertencia a seu pai, mas que sua fantasia transferiu para o tabuleiro de damas. Em seguida, viu uma foice; depois, um alfange foi adicionado; e, por fim, a imagem de um velho camponês cortando a grama em frente à casa de seus pais, que ficava distante. Poucos dias depois, descobri o significado dessa série de imagens. Relações familiares lamentáveis deixavam o menino aflito. Tratava-se do caso de um pai severo e ranzinza que, infeliz no casamento, vivia às turras com a mãe; um homem duro, cujos métodos educativos consistiam em ameaças; o pai se divorciou da terna e delicada mãe do menino, casou-se de novo e um dia trouxe para casa uma jovem que anunciou como a nova mãe do rapaz. A doença do menino de 14 anos eclodiu alguns dias depois. Foi a fúria reprimida contra o pai que transformou essas imagens em alusões inteligíveis.

O material foi fornecido por uma reminiscência da mitologia. A foice era o instrumento com o qual Zeus castrou o pai; o alfange e a imagem do camponês representavam Cronos, o velho violento que devora seus filhos e de quem Zeus se vinga de maneira tão pouco filial. O novo casamento do pai deu ao menino a oportunidade de retribuir as censuras e ameaças da figura paterna – que haviam sido feitas muito tempo atrás porque a criança brincava com seus órgãos genitais (jogar damas; os movimentos proibidos; a adaga com a qual é possível matar uma pessoa). Temos aqui memórias havia muito recalcadas e os seus resquícios que permaneceram inconscientes e que, sob o disfarce de imagens sem sentido, deslizaram consciência adentro por caminhos tortuosos deixados abertos.

Eu esperaria, então, encontrar o valor teórico do estudo dos sonhos nas suas contribuições para o conhecimento psicológico e na preparação para a compreensão das neuroses. Quem pode prever a importância de um conhecimento profundo da estrutura e das atividades e funções do aparelho psíquico, quando mesmo o nosso estado atual de conhecimento produz uma benéfica influência terapêutica sobre as formas curáveis das psiconeuroses? Alguém poderia perguntar: "E quanto ao valor prático desse estudo para o conhecimento psíquico e para a descoberta das peculiaridades secretas do caráter individual?" Os sentimentos e impulsos inconscientes revelados pelos sonhos não têm o valor das forças reais na vida psíquica? Devemos fazer pouco-caso do significado ético dos desejos suprimidos que, assim como agora criam sonhos, poderão um dia criar outras coisas?

Não me sinto capaz de responder a essas perguntas. Não refleti com maior atenção sobre esse aspecto do problema dos sonhos. Acredito, porém, que, em qualquer caso, o imperador romano errou ao ordenar a execução de um de seus súditos por este ter sonhado que o havia assassinado. Ele deveria, primeiro, ter se esforçado para tentar descobrir o significado do sonho; muito provavelmente não era o que parecia ser. E mesmo que um sonho de diferente conteúdo tivesse o sentido de um crime de lesa-majestade, ainda assim seria propício lembrar as palavras de Platão de que o homem virtuoso se contenta em *sonhar* o que o homem perverso *faz* na vida real. Sou, portanto, de opinião que é melhor conceder liberdade aos sonhos. Se alguma realidade deve ser atribuída aos desejos inconscientes, e em que sentido, não estou preparado para dizer de pronto. A realidade deve, naturalmente, ser negada a todos os pensamentos de transição – e intermediários. Se tivéssemos diante de nós os desejos inconscientes, levados à sua última e mais verdadeira expressão, ainda faríamos bem em ter em mente que mais de uma única forma de existência deve ser atribuída à realidade psíquica. As ações e, sobretudo, a expressão consciente do pensamento são em geral suficientes para a necessidade prática de julgar o caráter dos homens. As ações, acima de tudo, merecem ser colocadas em primeiro lugar; pois muitos dos impulsos que penetram na consciência são neutralizados por forças reais da vida psíquica antes de serem convertidos em ação. A bem da verdade, a razão pela qual frequentemente não encontram nenhum obstáculo psíquico em seu caminho é porque o inconsciente tem certeza de que enfrentarão resistências mais tarde, em alguma outra etapa. Em todo caso, é instrutivo familiarizar-nos com o solo bastante revolvido do qual brotam orgulhosamente as nossas virtudes. Pois a complexidade do caráter humano, que, impelido por forças dinâmicas, se movimenta em todas as direções, apenas muito raramente se submete ao ajustamento por meio da escolha entre alternativas simples, como pretendia a nossa antiquada filosofia moral.

E quanto ao valor dos sonhos para o conhecimento do futuro? Isso, claro está, não podemos levar em consideração. Sentimo-nos inclinados a substituir "por um conhecimento do passado". Pois os sonhos se originam do passado, em todos os sentidos. É certo que a antiga crença de que os sonhos revelam o futuro não é inteiramente desprovida de verdade. Ao nos apresentarem a representação de um desejo como algo realizado, os sonhos certamente nos conduzem ao futuro; mas esse futuro, que a pessoa que sonha interpreta como presente, foi moldado por seu desejo indestrutível à imagem e semelhança do passado.

NOTAS DO TRADUTOR

1. Boris Sidis (1867-1923), psiquiatra, psicólogo, psicanalista e filósofo da educação ucraniano; obteve quatro graduações em Harvard, onde posteriormente lecionou psicologia, área em que foi muito influente no século XX, por ser um dos pioneiros no campo da psicopatologia e da terapia em grupo.
2. O pioneiro psiquiatra suíço Paul Eugene Bleuler (1857-1939), o primeiro a empregar, em 1911, o termo "autismo".
3. De acordo com o *Dicionário comentado do alemão de Freud*, de Luiz Alberto Hanns (Rio de Janeiro: Imago, 1996), Freud tende a utilizar para o termo "desejo" (*Wunsch*) a palavra "realização" (*Erfüllung*) e para "pulsão" (*Trieb*), "satisfação" (*Befriedigung*). Muito raramente emprega o termo "satisfação" (*Befriedigung*) em conexão com "desejo".
4. Carl Gustav Jung (1875-1961), psiquiatra suíço responsável por fundar a psicologia analítica, que explora a importância da psique individual e sua busca pela totalidade. Ele ajudou a popularizar termos comuns da psicologia, como "arquétipo", o significado de "ego" e a existência de um "inconsciente coletivo".
5. Alfred Adler (1870-1937), médico e psicólogo austríaco, fundador da psicologia do desenvolvimento individual, se notabilizou por sua obra original nas áreas de psicoterapia e pedagogia.
6. Edward J. Kempf (1885-1972), psiquiatra e psicólogo estadunidense, pioneiro no campo da medicina psicossomática e conhecido principalmente por sua teoria de que a personalidade humana é um produto da evolução biológica.
7. William Harvey (1578-1657), médico britânico que, em 1628, demonstrou, por meio da observação direta da circulação de

animais de laboratório, que o sangue proveniente do ventrículo direito seguia pela artéria pulmonar em direção aos pulmões e retornava ao coração pelas veias pulmonares.
8. James Jackson Putnam (1846-1918), neurologista norte-americano, presidente da Associação Americana de Psicanálise e famoso por sua obra sobre o valor do estudo da filosofia na preparação para o trabalho psicanalítico.
9. Franz Schubert (1797-1828), compositor austríaco da época do Romantismo.
10. Karl Albert Scherner (1825-1889), filósofo e psicólogo germânico, autor de *Das Leben des Traums* (Berlim: Verlag von Heinrich Schindler, 1861); Johannes Immanuel Volkelt (1848-1930), filósofo alemão, autor de *Die Traumphantasie* (Stuttgart: Meyer und Zeller, 1875).
11. Karl Binz (1832-1913), médico e farmacologista alemão. A citação de Freud provavelmente é da obra *Über den Traum* (*Sobre o sonho*), de 1878.
12. "Träume sind Schäume", no original em alemão.
13. É um menu de preço fixo para a refeição completa, não selecionável, servido em horários específicos a todos os hóspedes; oposto ao cardápio à la carte, em que existe um preço para cada item. A tradução literária para esse tipo de casa seria "mesa do anfitrião".
14. *Heller*, antiga moeda emitida na Suíça e nos estados do Sacro Império Romano, que sobreviveu em alguns países europeus até o século XX (por exemplo, Áustria, Alemanha e República Tcheca).
15. Citação de trecho da "Canção do harpista", do romance *Os anos de aprendizagem de Wilhelm Meister* (1795 e 1796), do escritor alemão Johann Wolfgang von Goethe (1749-1832). O original em alemão é "Ihr führt ins Leben uns hinein, / Ihr laßt den Armen schuldig werden" (Tradução de Nicolino Simone Neto. São Paulo: Ensaio, 1994).
16. Francis Galton (1822-1911), antropólogo, meteorologista, matemático e estatístico inglês, criador do termo "eugenia" e descobridor da individualidade das impressões digitais (1885), mais conhecido pelos seus estudos de hereditariedade e inteligência humana.

17. No original, *trottoir roulant*, invenção exibida pela primeira vez na Exposição de Paris de 1900.
18. No original, *Zylinderhut*, literalmente "chapéu cilíndrico".
19. No original, "Mit den Hute in der Hand kommt man duchs ganze Land".
20. Carl Auer von Welsbach (1858-1929), cientista e inventor austríaco dotado de talento não apenas para fazer avanços científicos, mas também para transformá-los em produtos de sucesso comercial. Desenvolveu as pederneiras de ferrocerium, usadas em isqueiros modernos, o manto de gás que trouxe luz para as ruas da Europa no fim do século XIX e a lâmpada de filamento de metal.
21. *La dame aux camélias* (1848), romance do escritor francês Alexandre Dumas, filho, que narra a atribulada história de amor entre Armand Duval, jovem estudante de direito, recatado, vindo de uma respeitável família burguesa interiorana, e Marguerite Gautier, a mais cobiçada cortesã dos salões e teatros parisienses.
22. No original, "Das hat kein Goethe g'schrieben, das hat kein Schiller g'dicht...".
23. Em inglês, *daydreams*, literalmente "sonhos diurnos".
24. Pseudônimo de Adalbert Goldscheider (1848-1916), jornalista e escritor austríaco, autor de populares histórias de detetive.
25. Karl Friedrich Burdach (1776-1847), fisiologista alemão.
26. Hyppolyte Bernheim (1837-1919), médico neurologista francês que trabalhava com métodos de hipnose e escreveu um livro no qual descrevia métodos, usos e discussões a respeito do tema. Seu livro foi traduzido para o alemão por Freud.
27. Nikolaus Lenau era o pseudônimo de Nikolaus Franz Niembsch Edler von Strehlenau (1802-1850), poeta austríaco de língua alemã.
28. Paul Adolf Näcke (1851-1913), psiquiatra e criminologista alemão, conhecido por seus escritos sobre a homossexualidade e por ter cunhado o termo "narcisismo", em 1899, para descrever o sujeito cuja excitação sexual está condicionada à imagem de si ou a coisas que remetam a si mesmo.
29. Wilhelm Stekel (1868-1940), psiquiatra austríaco. Um dos primeiros seguidores de Sigmund Freud, com quem fundou a primeira sociedade psicanalítica.

30. Alfred Ernest Jones (1879-1958), neuropsiquiatra e psicanalista galês, além de biógrafo oficial de Emil Kraepelin. Introduziu a psicanálise na Grã-Bretanha e foi presidente da Associação Psicanalítica Internacional.
31. Karl Abraham (1877-1925), psicanalista alemão, um dos primeiros discípulos de Freud, com quem manteve correspondência. Em certa ocasião, Freud se referiu a ele como "meu melhor aluno".
32. Johann Ludwig Uhland (1787-1862), poeta alemão do Romantismo.
33. Otto Rank (Otto Rosenfeld, 1884-1939), psicanalista, escritor, professor e terapeuta austríaco.
34. François Auguste Victor Grignard (1871-1935), químico francês, ganhador do Nobel de Química (em 1912) pela descoberta do reagente de Grignard, empregado em seguida na síntese de muitos compostos orgânicos.
35. Expressão latina que significa "a terceira parte da comparação", ou seja, é a qualidade comum entre os objetos da comparação: estes não têm necessariamente que ser idênticos, porém devem ter pelo menos uma qualidade em comum (tradicionalmente referida como *tertium comparationis*).
36. Magnus Hirschfeld (1868-1935), médico e sexólogo alemão, fundador do Comitê Científico-Humanitário e considerado um pioneiro na defesa dos direitos dos homossexuais.
37. Louis Ferdinand Alfred Maury (1817-1892), um dos primeiros estudiosos da tradição científica ocidental a teorizar sobre os sonhos. Médico francês, ele acreditava na tese de que os sonhos são consequências de estímulos externos. O mais conhecido sonho de Maury foi imortalizado por Freud em *A interpretação dos sonhos* (1900): ele se vê na Revolução Francesa, na Época do Terror. Testemunha cenas horríveis de assassinato, é levado ao tribunal e sentenciado à morte na guilhotina.
38. Edmond Goblot (1858-1935), filósofo e lógico francês, contemporâneo de Émile Durkheim (1856-1917) e Henri Bergson (1859-1941).
39. W. Robert descreve os sonhos como "um processo somático de excreção do qual nos tornamos cônscios em nossa reação mental a ele"; a seu ver, os sonhos são excreções de

pensamentos que foram sufocados na origem. Ver *Der Traum als Naturnotwendigkeit erklärt* (1886).
40. Félix Louis François de Backer (1850-1928), médico francês, autor de *Des hallucinations et terreurs nocturnes chez les enfants et les adolescentes* (1881).
41. George Trumbull Ladd (1842-1921), filósofo, educador e psicólogo estadunidense.
42. Henry Havelock Ellis 9 (1859-1939), médico, psicólogo, escritor e reformador social britânico, estudou a sexualidade humana. Foi coautor, em 1897, do primeiro livro médico em inglês sobre a homossexualidade e também publicou trabalhos sobre uma variedade de práticas e inclinações sexuais, incluindo a psicologia dos transgêneros.
43. Yves Delage (1854-1920), zoólogo francês conhecido por seu trabalho em fisiologia e anatomia de invertebrados.
44. Theodor Lipps (1851-1914), filósofo, psicólogo e professor alemão, é mais conhecido por sua teoria da estética, em especial o conceito de Einfühlung (empatia).
45. Diz-se que o virtuoso violinista italiano do período barroco, Giuseppe Tartini (1692-1770), sonhou que o diabo lhe apareceu em um sonho, oferecendo-se como seu servo em troca de sua alma. Antes de aceitar, Tartini o desafiou a tocar uma melodia no seu violino para testar suas habilidades. O diabo aceitou e tocou. Os sons que saíram do instrumento foram tão impressionantes que Tartini perdeu o fôlego, o que o fez despertar. Ao acordar, pegou imediatamente seu violino, tentando reproduzir a melodia. O resultado não foi o esperado. Ele disse que, embora essa obra fosse a melhor coisa que ele já compusera na vida (o famoso "Trillo del Diavolo"), era medíocre em comparação ao que tinha presenciado durante o sono.
46. Hermann Ludwig Ferdinand von Helmholtz (1821-1894), matemático, médico e físico alemão.

grupo novo século

Compartilhando propósitos e conectando pessoas
Visite nosso site e fique por dentro dos nossos lançamentos:
www.gruponovoseculo.com.br

<ns

- facebook/novoseculoeditora
- @novoseculoeditora
- @NovoSeculo
- novo século editora

gruponovoseculo
.com.br

Edição: 1ª
Fonte: Athelas